विचारों के फूल

स्वामी अगेह भारती

विचारों के फूल

स्वामी अगेह भारती

डायमंड बुक्स

www.diamondbooks.in

प्रकाशक : डायमंड पॉकेट बुक्स (प्रा.) लि.
X-30 ओखला इंडस्ट्रियल एरिया, फेस -II
नई दिल्ली- 110020
फोन : 011-40712200
ई-मेल : wecare@diamondbooks.in
वेबसाइ : www.diamondbooks.in
संस्करण : 2025
मुद्रक : (रेप्रो इंडिया)

Vicharon Ke Phool
By : Swami Ageh Bharti

दो शब्द

जीवन को जी रहा था। उस जीने में से सहज ही 1967 की जनवरी के आस-पास कुछ फूल खिलने शुरू हुए। कुछ सयय तक वे खिलते गए और खोते गए, क्योंकि लिपिबद्ध नहीं किए गए। पर जब अक्सर ही ऐसा होने लगा, तो लिपिबद्ध करने का ख़याल आया।

जीवन में सब कुछ कितना विचित्र एवं रहस्यमय है ! सच, कभी तो क्षण भर में ही अनेक सुंदर विचार आ जाते और कभी महीनों तक एक भी न आते पर अब उनके आने पर लिपिबद्ध करना मैं न भूलता। तथापि यह ख़याल कदापि न था कि इनकी कभी किताब बनेगी। फिर 1973 की जुलाई में अचानक मुझे ख़याल आया कि ये तो काफी फूल संगृहीत हो गए। कई बार मुझे ऐसा भी लगा मानो ये फूल मुस्करा-मुसकराकर कहते हों कि अब मेरी माला गूंथ डालो अन्यथा मेरा जीवन व्यर्थ ही बीत जाएगा। और आखिर आज विचारों के इन छह वर्षों में चुने गए फूलों की माला गूंथने का समय व संयोग आ ही पहुंचा। स्वाभाविक है कि मुझे प्रसन्नता व संतोष हो कि अज्ञात स्रोत, से जो मेरे माध्यम से प्रगट हुआ, आज वह बहुतों तक पहुंचने के क्रम में है।

इन विचारों का क्या मूल्य है, यह तो बहुत कुछ पाठक पर ही निर्भर करेगा, क्योंकि सजग पाठक कंकड़ों में भी हीरे खोज लेता है। और नींद की मदिरा के प्रभाव में झूमता हुआ मानव सामने पड़े हीरे को

भी कंकड़ समझकर छोड़ देता है और खो देता है । अत: इस पुस्तक में संगृहीत कुछ भी किसी को प्रीतिकर एवं अर्थवान् लगे तो उसका श्रेय उसे स्वयं को ही है ।

इससे अधिक तो कुछ कहने को नहीं है ।

सबको प्रणाम सहित,

स्वामी अगेह भारती
'ओशो-विला'
62, प्रभात विहार, पन्ना रोड,
सतना—485001 (म०प्र०)

क्षमा कर दो
उनके अपराधों के लिए उन्हें क्षमा कर दो
क्योंकि तुमने भी बहुतेरे अपराध किए हैं
और क्षमा की आशा की है।

□

जो मनुष्य मात्र को स्नेह-सद्‌भाव
का अधिकारी नहीं मानता
उसे ही मैं अधर्मी कहता हूं।
और वह कुछ भी हो
मनुष्य तो नहीं ही है।

□

यथार्थ और भावुकता में यही भेद है
कि यथार्थ को आग्रह की भावुकता नहीं,
जबकि भावुकता यथार्थ के प्रति आग्रहशील है ।

□

गीता, क़ुरान व बाइबिल नहीं,
मनुष्य को सामने रखकर चलो;
क्योंकि उसी के लिए वे भी हैं ।

□

जब भी तुम्हें क्रोध आए, क्षण भर को रुक जाओ ।
क्रोध का कारण कहीं ऐसा तो नहीं,
जिसका निपटारा प्रेम से हो सकता हो ।

□

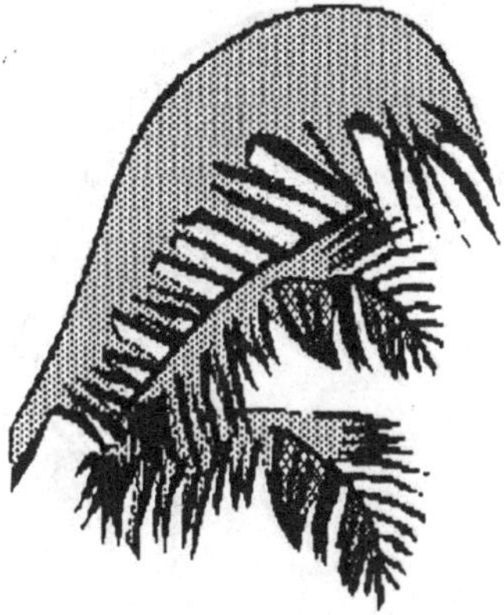

नारी बहुत विवश है क्योंकि वह मां है।
कोई आश्चर्य कर सकता है
क्योंकि यही उसकी महानता भी है।

□

मैंने निरंतर गति में ही जीवन जाना है।
पानी गड्ढे में ठहरता है, तो सड़ जाता है।
और अगर वह नदियों में गति बनकर बहता है,
तो फिर दुनिया में कोई भी मार्ग इतना बुरा नहीं जो कि अंततः समुद्र में ही न ले जाए।

□

यह चुनाव हमारे अपने हाथ में है कि हम क्या हों।

□

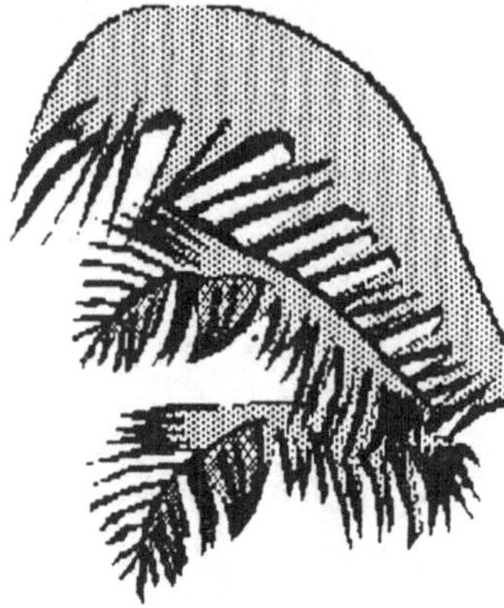

तुम वास्तव में जब देखोगे तो पाओगे
कि दुनिया के सारे दोष तुम्हारे अपने भीतर हैं।
और यह अद्‌भुत ही है कि देखने के साथ
उनसे तुम मुक्त हो जाओगे।
उनकी सत्ता है ही तब तक,
जब तक तुम उन पर दृष्टिपात नहीं करते।

□

अगर हम स्वतंत्र होकर विचार न कर सकें
और जब, जो जैसा लगे,
तब वह वैसा न कह सके,
तब तो फ़िर सचमुच खाने के लिए ही जीना हुआ।
कम-से-कम मुझे तो जिस दिन ऐसा जीना पड़े,
मैं मर ही जाऊं।

□

न मनुष्य से बड़ा देवता मैं जानता हूं
और न उससे बड़ा राक्षस।

□

अभी, या कभी नहीं।

□

दुःख है कि अभी मैं रेत और झील में अंतर कर पाता हूं।

□

कोई मुझे जब प्रेम करता है,
मैं सोचने लगता हूं, वह किसे प्रेम कर रहा है!
मुझे या स्वयं को?

□

सहानुभूति उन्हीं का संबल है, जो दुर्बल हैं।

□

आशा निराशा का ही दूसरा रूप है
आशा है ही क्योंकि निराशा है
आशा, निराशा से बचे रहने की चिंता अथवा युक्ति है;
वस्तुतः मुक्ति वहां है
जहां न आशा है, न निराशा है।

□

कष्टों-पीड़ाओं में कोई अर्थ भी छिपे हैं।
उनके प्रति न जागना
उनका एक ही पक्ष देखना है।

□

वस्तुतः किसी गुण को जीना ही उसकी प्रशंसा है ।

□

मनुष्य प्रभु की सर्वोत्तम रचना है ।
क्योंकि उसे ही उसने इस योग्य बनाया है
कि वह पूर्णता को प्राप्त करे ।

□

जितना मित्रों ने तुम्हारा अहित किया है
उतना शत्रुओं ने कभी नहीं किया ।
और सच तो यह है कि अपना हित
अथवा अहित तुमने स्वयं किया है,
अन्य कोई नहीं ।

□

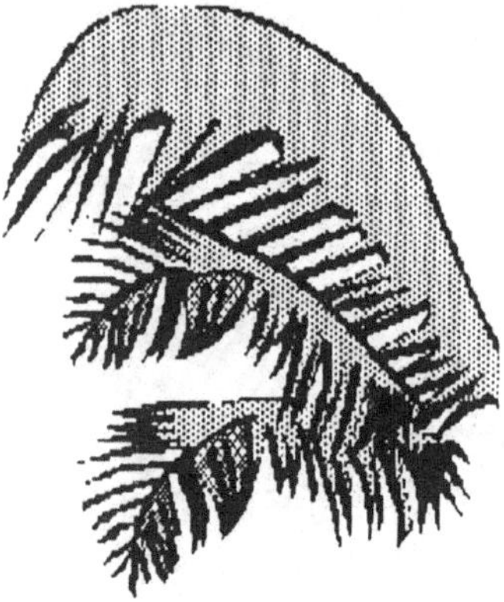

ईमानदारी से भोगी गई पीड़ा भी कुछ दे जाती है।

□

मैं केवल एक ही चीज़ दावे के साथ कहता हूं
वह यह कि मनुष्य कभी अकेला नहीं हो सकता
जब वह अकेला होता है तब भी नहीं
क्योंकि मैं स्वयं जब अकेला हुआ,
तो पाया कि समूचा अस्तित्व मेरे साथ है।

□

धरती पर मुझे उससे महान् कोई नहीं मिला
जो सबसे छोटा था।
और सच तो यह है कि कोई भी महान् नहीं है
और या फिर सब महान् हैं।

□

अब जानता हूं कि भीड़ में मैं अंधा हो जाता हूं
और अकेला होने पर मेरे पास अपनी आंखें होती हैं ।
इसलिए ही भीड़ में भी,
अकेला बने रहने का विज्ञान सीख रहा हूं ।

□

मूर्ख, क़ानून का पालन करते हैं
बुद्धिमान उन्हें बनाते हैं ।

□

हमारी ज़बानें उनके क़ानूनी कारागृहों में क़ैद हैं ।
और अगर उनके वश में होता,
निश्चय ही,
हमारे विचार व चिंतन भी स्वतंत्र न होते ।

□

अनुशासन व तानाशाही में फ़र्क होता है।
काश वे हमारे घर आते और यह भेद देखते
जहां हर प्राणी वायु की तरह स्वतंत्र है
और फिर भी पूर्णतः अनुशासनबद्ध।

□

बड़े कामों के समक्ष आनेवाली कठिनाइयां
भी छोटी नहीं होतीं।

□

कोई उनको मेरे पास भेज दे,
जो दुनिया से थके हैं, ऊबे हैं।
इधर उनका उपचार होगा,
उधर दुनिया एक भयानक रोग से बच जाएगी।

□

जहां बौद्धिकता का अंत है
वहीं आध्यात्मिकता की शुरुआत।

□

एक ने कहा : 'प्रेम अंधा होता है',
और मैं सोचने लगा क्या यह वही प्रेम है
जिसने मुझे आंखें दीं !

□

दबे दर्द ममता पाकर उभरते हैं
और प्रेम पाकर विलीन होते हैं।
ममता बंधन है, प्रेम मुक्ति।

□

नया इस संसार में कुछ भी नहीं है
तुम्हारा वह 'भ्रम' भी नहीं,
जब तुम रंग बदलकर प्रस्तुत होनेवाली
चीज़ों को नया कहते हो;
अथवा जब कुछ ढूंढ़ लेते हो
जो था तो पहले भी पर ढंका था।
और यहां तक कि मेरा यह कथन भी बहुत पुराना है।

□

कभी-कभी सफलता से
अधिक महत्त्वपूर्ण होती है असफलता
जब वह उच्चतम सफलता की ओर गति करती है।

□

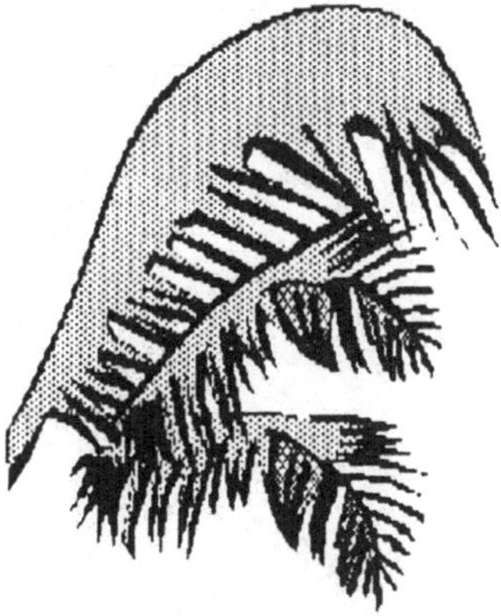

बोने के साथ ही गेहूं काट नहीं लिया जाता ।

□

आलोचना ही करनी है, तो अपनी करो
जो कहीं पहुंचाती है ।
दूसरों की आलोचना से पीड़ा के सिवा
क्या हाथ लगेगा ?

□

जब चाहता था कि लोग मुझे प्रेम दें
तब वे उदासीन थे ।
और जब चाहना बंद किया तो स्वयं प्रेम से भर गया
और पाया कि चारों ओर से प्रेम-ही-प्रेम फूट पड़ा है ।

□

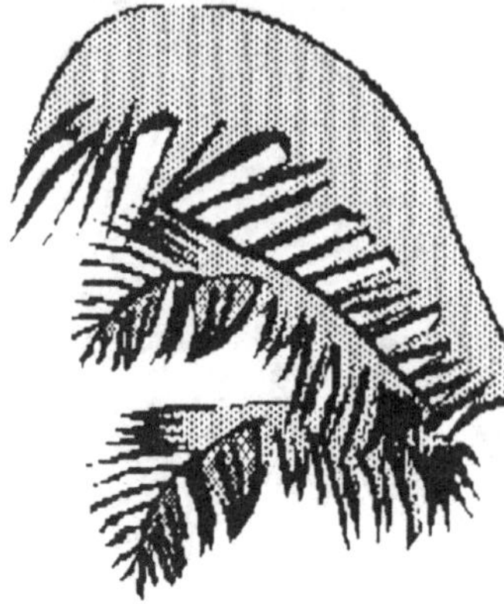

जब तक ऊंचाई है तभी तक नीचाई भी है
ऊंचाई का ख़याल मन से जाते ही
नीचाई का भी पता न होगा।

□

तुम्हारा दुःख दुनिया के दुःखों का एक अंश मात्र है।

□

तुम्हारी परिस्थितियां जो भी,
जैसी भी हों,
उन्हीं में से तुम्हें विकास करना है।
प्रतिकूल परिस्थितियों का रोना-रोना
आलस्य एवं कायरता के सिवा कुछ भी नहीं।

□

यह चुनाव तुम्हारे अपने हाथ में है
कि तुम क्या बनो?
और यह सच है कि तुम जो भाव करते हो,
वही बन जाते हो।

□

हर एक अपने-अपने ढंग से उसी की खोज में है,
कोई जानता हुआ, कोई न जानता हुआ।
वह धन्य है, जो जानता हुआ खोजता है,
क्योंकि उसकी मंजिल पास है।

□

आलोचना अपनी करो, सेवा सब की।

□

तुम्हें किसी की आलोचना न करते हुए
मौन रहना चाहिए
क्योंकि हर एक के कार्य अलग-अलग हैं ।
और किसी का कार्य किसी से न बड़ा है, न छोटा ।
क्या तुम कह सकते हो
कि तुम्हारे पेन की निब श्रेष्ठ है या रोशनाई ?
और यह बात भी समझने की है
कि जिस चीज़ के लिए तुम
किसी की आलोचना करते हो,
उसके प्रति तुम्हारा लगाव अभी शेष है ।

□

समय काटना एक बात है,
उसका उपयोग करना—उससे भिन्न ।

□

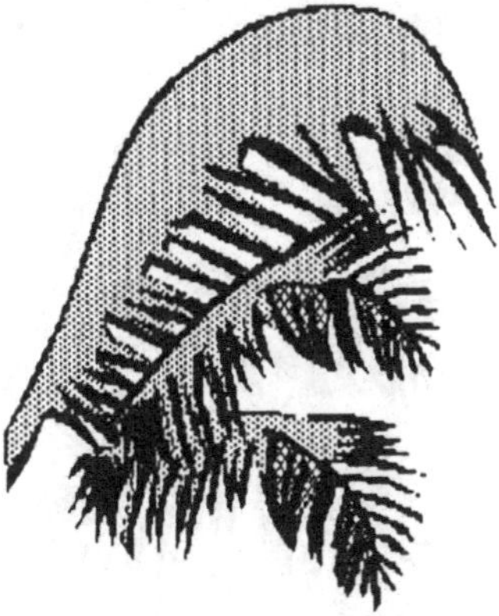

हर विवशता एक दुर्बलता है।
और लेखन भी उन्हीं में एक है।

□

मेरे लेखक की मौत उसी दिन हो गई
जिस दिन उसे पता चला कि लेखन भी एक रोग है।

□

साहित्यकार समाज का सर्वाधिक जागरूक प्राणी है,
पर गधा कहता है—'नहीं, मैं हूं।'

□

बड़े लोगों से छोटी भूलें नहीं होतीं
और हर भूल उन्हें बड़ा बना जाती है।

□

वह क्षण मुझे नहीं भूलता जब मैंने सड़क पर चलते
एक कोट-पैंट पहने आदमी से पूछा था :
'भाई, समय क्या है?'
और उसने मुझे देर तक घूरा था।
'भाई' के बजाए 'साहब' कहता तो
अवश्य ही वह खुश होता और समय बताता।

□

संकोच एक सीमा तक आभूषण है,
उसके बाद—मात्र कुंठा।

□

अपनी राय तभी दो जब तुमसे मांगी जाए।

□

उसने रुचि बताई, तो मैंने
उसे एक पुस्तक पढ़ने को दे दी,
मगर वह फिर दिखाई नहीं दिया ।
काश उसे पता होता कि मेरे पास
और भी मूल्यवान् पुस्तकें हैं जिन्हें वह पढ़ सकता था ।

□

वह बेईमान है, जो कहता है कि मैं ईमानदार हूं,
और वह ईमानदार है, जो कहता है कि मैं बेईमान हूं ।

□

तुम जब कुछ चाहते हो,
तब और केवल तब दीन होते हो ।

□

मेरे सभी बच्चे मुझे 'बाबूजी' कहते हैं
मगर अमित (सबसे छोटा) केवल 'बाबू' कहता है ।
सब बच्चे उसे सिखाते हैं कि 'बाबू जी' कहो ।
और वह उन्हें सिखाता है कि बाबू कहो ।
यह देख मैं प्रसन्न होता हूं कि एक बेटा तो ऐसा है
जो नकलची नहीं है ।

□

तुम दुःख पा रहे हो क्योंकि तुमने दुःख दिया है
तुम दुःख देना बंदकर उसे पाने का भी
द्वार बंद कर सकते हो ।

□

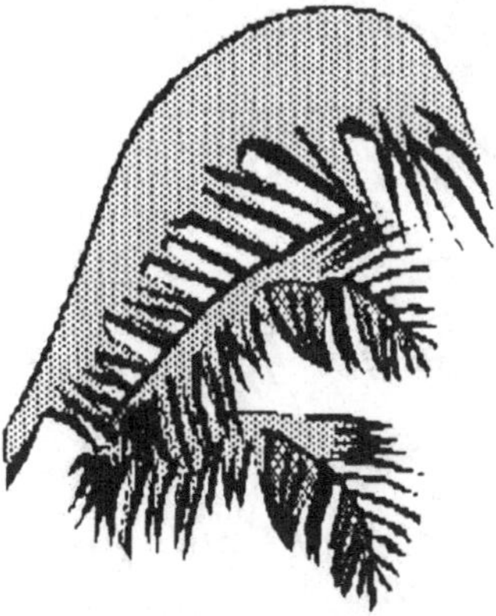

जिस दिन जानोगे
कि 'तुम' और 'तुम्हारे पिता' एक ही हो,
उस दिन से फिर अपने पुत्रों को छोटा समझना छोड़ दोगे
और बराबरी से प्रेम करने लगोगे।

□

'मैं' वह हीरा हूं, जो टूट-फूट व बिखरकर
रेत-कण हो जाता हूं
और ये रेत-कण जब जुड़ते हैं, पुनः हीरा हो जाता हूं।
काश ! उन्हें पता होता कि रेत-कण ही वस्तुतः हीरा है।

□

स्वतंत्रता कभी स्वतंत्र नहीं है।

□

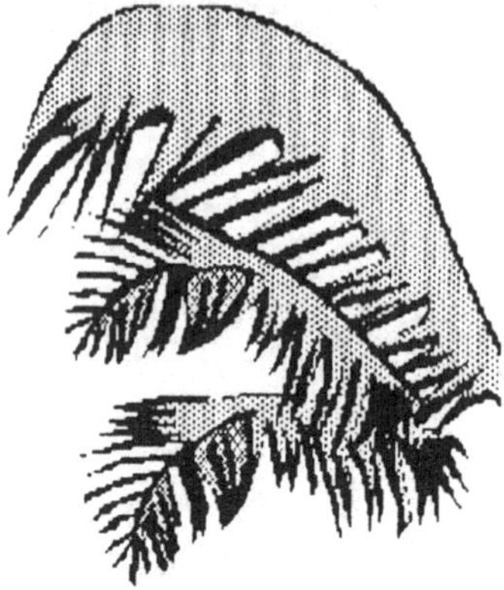

तुम्हारी साधना की धन्यता इस बात में है
कि तुम निर्भार मन से कह सको
कि तुम्हारे द्वारा अब किसी को भी किसी प्रकार की
पीड़ा नहीं पहुंचती ।

□

मैंने महान् लोगों को भी अक्सर झूठ बोलते पाया है ।
जब वे किसी शिशु से अपना मन-बहलाव करते हैं
और कहते हैं, मैं उसे प्यार कर रहा हूं ।

□

धर्म में गति समझौते की नहीं,
विद्रोह की प्रतिफल है ।

□

दुनिया में मुख्यतः
मुझे दो ही प्रकार के लोग मिलते हैं,
एक वे, जो मुझे भिन्न समझते हैं
दूसरे वे, जो मुझे अभिन्न समझते हैं;
और मैं दोनों को ही अत्यधिक प्यार करता हूं।
एक को इसलिए कि वह मुझे भिन्न समझता है,
दूसरे को इसलिए कि वह मुझे अभिन्न समझता है।

□

कितने आश्चर्य की बात है
कि आंखें स्वयं को ही देख नहीं पातीं।

□

वह बीस का था तो कहता था
पचास के ऊपर वालों को गोली मार देनी चाहिए।
और जब स्वयं पचास का हुआ तो कहने लगा—
लोगों को हमारे अनुभवों से लाभ उठाना चाहिए।

बहुत कठिन काम है,
दूसरों को उपदेश देने से सरल काम ढूंढ़ना।

कभी-कभी मूर्खता को साहसिकता
समझने की भूल की जाती है
और कभी-कभी साहसिकता को मूर्खता।
दोनों में भेद न कर पाना भी एक मूर्खता ही है।

मनुष्य का धरती पर रहना किसी और ने नहीं,
मनुष्य ने ही असंभव किया है।

□

एक बार मैं परमात्मा के दरबार में था,
वहां कोई दुःख न था।
सुख व आनंद की चतुर्दिक नदियां बहती थीं,
मैं बड़ा खुश था
कि एक दिन मेरे समक्ष वहीं रह जाने का प्रस्ताव आया।
मगर एक शर्त थी कि प्रतिदिन
चौबीस घंटों में केवल पांच मिनट के लिए
मुझे देवी-देवताओं की हंसी का पात्र बनना पड़ेगा
और मैं याद आने पर आज भी अपनी पीठ ठोंक लेता हूं
कि मैंने वहां रहना अस्वीकार कर दिया था।

□

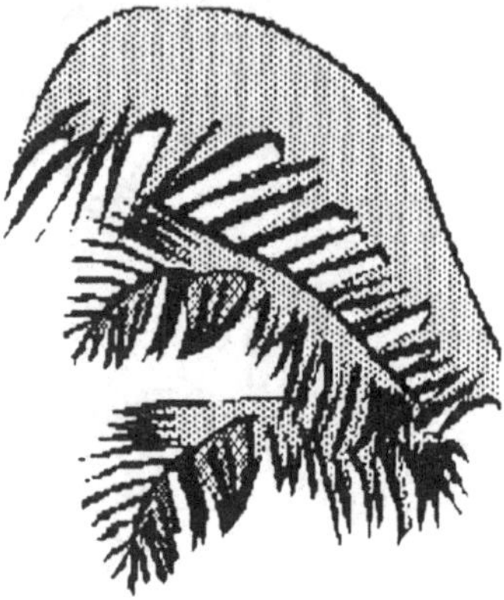

निर्धनता से अधिक बुरी चीज़ शायद ही कोई हो।

□

मैं सर्वाधिक उल्लसित तब होता हूं
जब कोई अपने नन्हें-मुन्नों को बुलाता है
और वे नहीं आते हैं।
कोई सचमुच का स्वतंत्र आदमी किसी स्वतंत्र आदमी
को देखकर क्या उल्लसित न होगा ?

□

हम बेईमान हैं
कि अच्छे समय को आजीवन ठहराए रखना चाहते हैं
और बुरे को पल भर भी नहीं।
जबकि वास्तविकता यह है कि ठहरते एक भी नहीं।

□

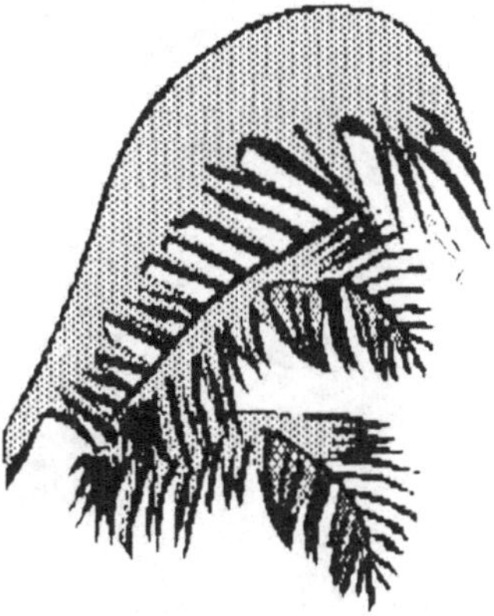

□

वर्तमान से पलायन के लिए भूत से सुंदर न गुफ़ा है
और न भविष्य से सुंदर स्वप्न-महल ।
और वस्तुत: ये दोनों ही
नपुंसकता और आलस्य के संबंधी हैं ।

□

अगर मैं त्रिया-चरित्र जैसी बातों पर विश्वास करूं
तब तो फिर कहना पड़ेगा
कि बहुत-से पुरुष भी विरोधी पक्ष में
सम्मिलित हो गए हैं ।

□

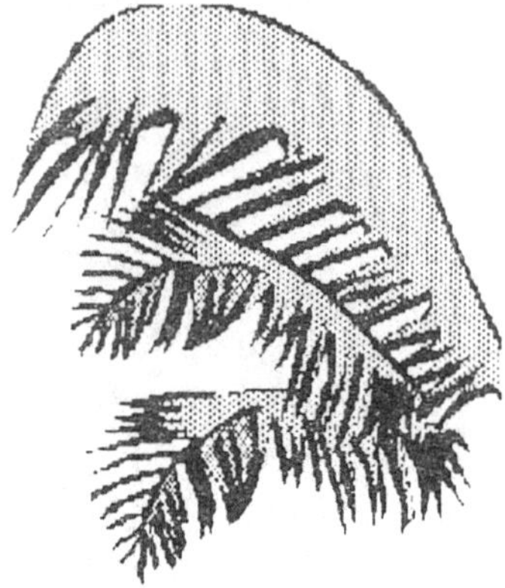

समझदार लोग आंखें मूंदकर नहीं चलते।

□

निरर्थक इस संसार में कुछ नहीं है
यहां तक कि 'निरर्थक' शब्द भी अर्थवान् है
जिसके बगैर तुम्हारी भाषा का काम तो चलता नहीं
तुम अपने वक्तव्यों को भी अर्थ नहीं दे पाते।

□

बुरे आदमी को हटाने से छुट्टी नहीं मिल जाती।
जो बुराई स्वयं के भीतर है
उसे हटाए बिना हर नवागंतुक उतना ही बुरा होगा
क्योंकि हम वही देख पाते हैं, जो हम हैं।

□

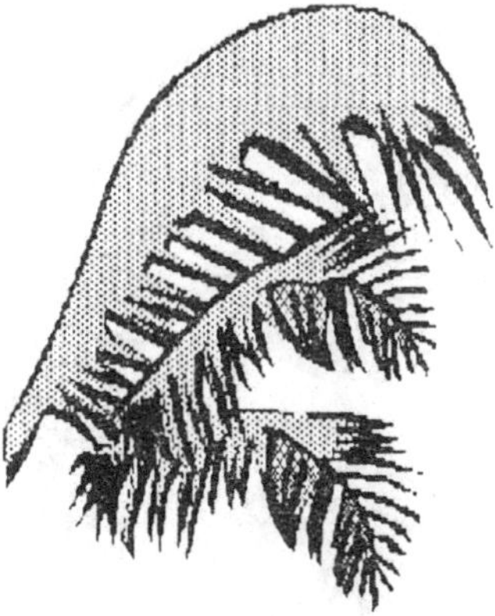

तुम जब भी किसी को अपराधी घोषित करते हो
हर बार स्वयं को भी अपराधी घोषित कर लेते हो ।
क्योंकि किसी को अपराधी घोषित करना
स्वयं के अपराधी होने का पर्याप्त प्रमाण है ।

□

मनुष्य किसी को धोखा देने से पहले
स्वयं को धोखा दे लेता है ।

□

समस्याओं को सीधा देखना सिखाए, तो वह ज्ञान है ।
और जो उनसे बचना सिखाए
वह अज्ञान का भी अज्ञान है ।
क्योंकि अज्ञान का ज्ञान भी एक ज्ञान ही है ।

□

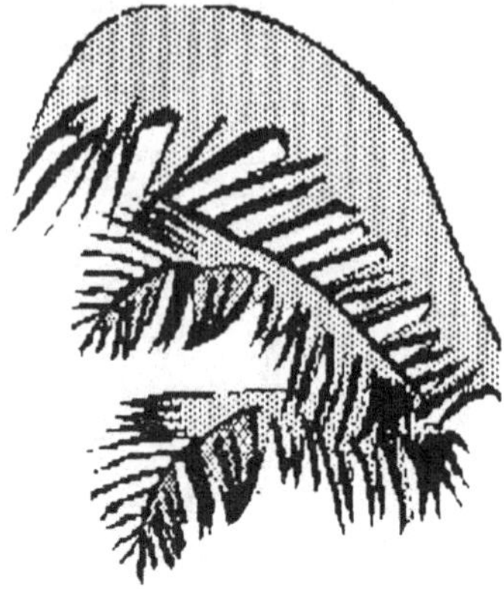

पृथ्वी पर मनुष्य की दो ही जातियां हैं
एक वह, जो पहले दूसरी की तरह थी
और बाद में पुनः दूसरी की तरह होगी,
और दूसरी वह, जो पहले पहली की तरह थी
और बाद में पुनः पहली की तरह होगी।
और इस चक्र से जो मुक्त है,
वही परमात्मा है।

□

लोग दिन के उजाले में चोरियां करते हैं
और कुछ लोग उन्हें पकड़ने को रातभर गश्त लगाते हैं।

□

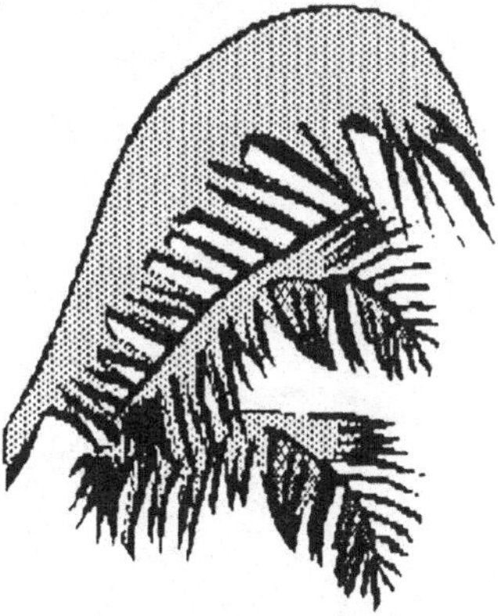

कभी-कभी ज्वर के उपचार हेतु
ज्वर से ग्रसित दिखना पड़ता है
और कई बार ग्रसित होना भी पड़ता है।
गिरे हुए को उठाने के लिए झुकना पड़ता ही है।

□

जब मैं अपने भीतर विष घोलता हूं
केवल तब वायु भी विषाक्त होता है,
और जब मेरे भीतर अमृत उमड़ता है
केवल तब वायु भी अमृत बरसाता है।
किंतु यह अद्‌भुत ही है कि दोषारोपण
अथवा
शाबासी के लिए हम वायु की ओर ही निहारते हैं।

□

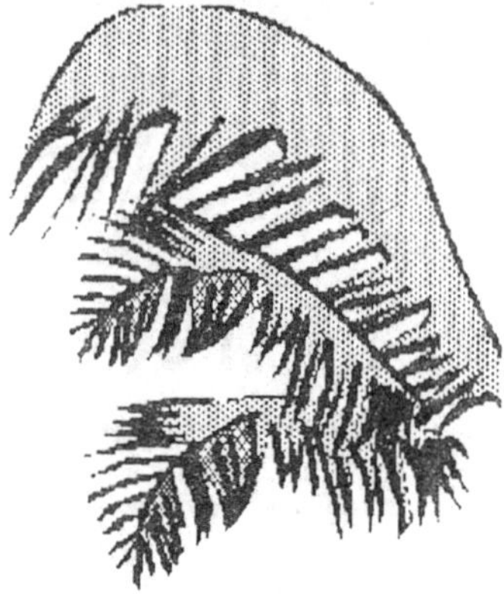

उसने कहा : 'कुर्सियों पर जमे लोग मूर्ख हैं,
उनकी न सुनना।'
कुर्सीवालों ने कहा : 'ध्यान न देना, वह पागल है।'

□

मनुष्य अपने ही द्वारा बनाए क़ानूनों में क़ैद है।

□

मैं सर्वाधिक प्यार उसे करता हूं—
जिसे दुनिया का कोई व्यक्ति प्यार करने
योग्य नहीं समझता; जिसे अपने लक्ष्य का ज्ञान नहीं है;
अथवा लक्ष्य के पास पहुंचकर
जिसका पैर मोच खा गया है।

□

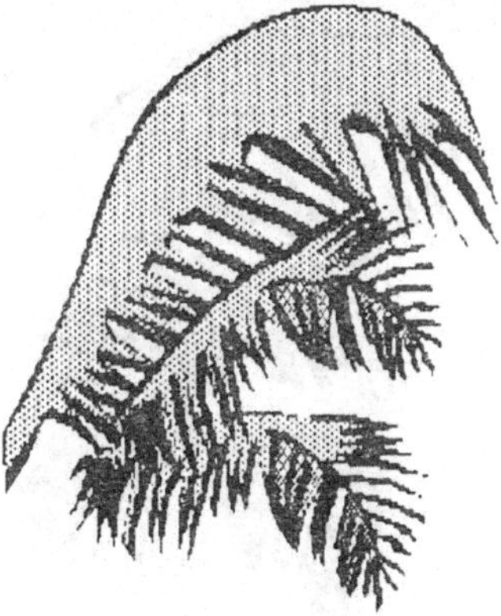

घृणा के बीज बोकर
प्रेम की फ़सल नहीं काटी जा सकती ।
वैसे ही, प्रेम के बीज बोकर
घृणा की फ़सल काटना असंभव है ।

□

जो स्वयं के लिए चाहते हो
उसे दूसरों को दो... दो... बांटते जाओ ।
वह तुम्हें कई गुणा हो-होकर मिलता जाएगा ।

□

किसी को मुस्कराते हुए देखना चाहते हो,
तो तुम उससे मुस्कराते हुए मिलो ।

□

मैं एक मित्र के साथ था
वह कई लोगों की आलोचना करता था।
मैंने उसे बुरा-भला कहा और दूसरों की आलोचना
न करने की सलाह दी।
किंतु तभी मेरे भीतर से आवाज़ आई—
'और तुमने क्या किया?'

□

जिस वक़्त अंधेरे में कुछ करते हुए सोच रहे होते हैं
कि कोई देख नहीं रहा है,
उस वक़्त हमें लाख-लाख आंखें घूर रही होती हैं।
क्या तुम्हें पता नहीं कि अंधेरे को आंखें होती हैं?

□

सौंदर्य का शिक्षा से कोई लेना-देना नहीं
वह स्वयं में पूर्ण है,
और ज्ञान भी;
हां, बुद्धि ज़रूर शिक्षा की मोहताज़ है ।

□

मैं किसी और की नहीं
हर प्रशंसा में अपनी ही प्रशंसा करता हूं
और हर निंदा में अपनी ही निंदा ।

□

बहुमत सदा मूर्खों का होता है ।

□

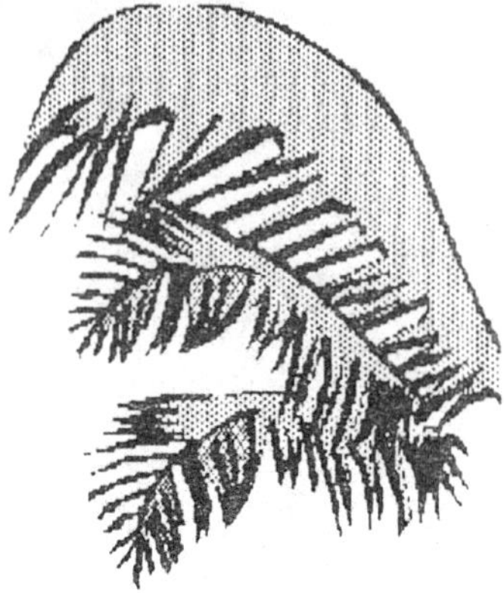

एक शिक्षित युवती दूसरी अशिक्षित एवं कुछ देहाती-सी
लगनेवाली युवती पर इसलिए हंस रही थी कि उसने
घड़ी लगा रखी थी। और मैं उस प्रथम युवती पर
इसलिए हंस रहा था कि वह क़रीब-क़रीब निर्वसना थी।
और बाद में, मेरे मित्र ने बताया कि
मुझ पर कई लोग हंस रहे थे क्योंकि मैं
उन युवतियों के क्रिया-कलाप निहार रहा था।

□

ऐ सौंदर्य !
न तुझसे अधिक कोई छली है
और न तुझसे अधिक कोई विश्वसनीय है।

□

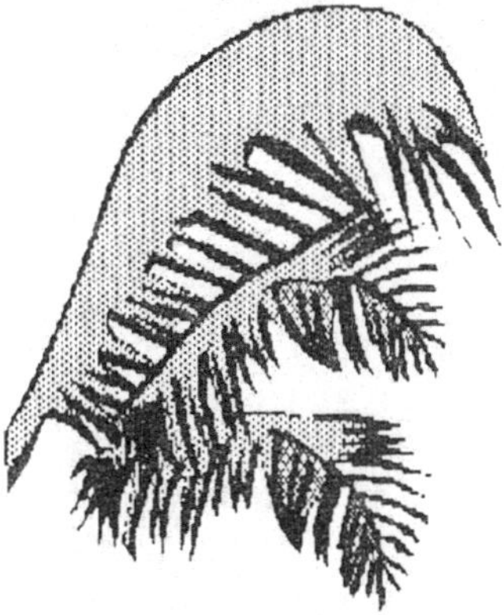

मैं बड़ा संतुष्ट हूं कि मेरे पास हृदय है
जिससे मैं बहुत कुछ जान लेता हूं,
जो बड़े-बड़े बुद्धिवादियों की समझ से परे है।

□

जब कोई मेरे लिए सांस नहीं ले सकता,
मेरे लिए चल-फिर नहीं सकता,
तो फिर मैं किसी और को
मेरे अपने लिए सोचने भी न दूंगा;
मैं स्वयं अपने संबंध में सोचूंगा
और स्वयं ही अपना निर्माण करुंगा।

□

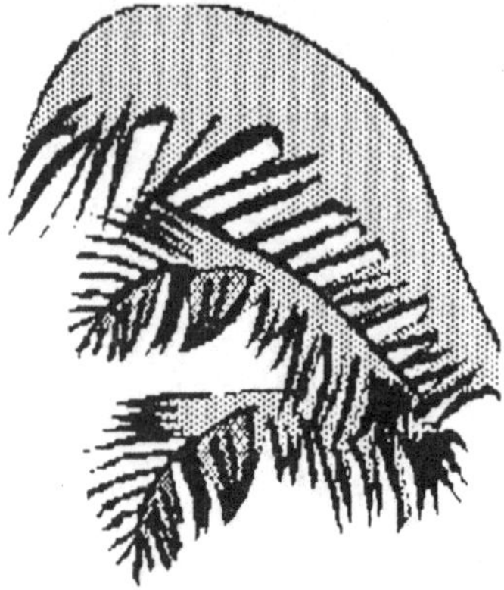

तुम्हारे आकर्षण की उम्र किसी चीज़
की अनुपलब्धि तक है।
उपलब्धि के साथ ही आकर्षण आत्महत्या कर लेता है।

□

सब तुम्हें धोखा देते हैं
क्योंकि तुम खुद स्वयं को धोखा देते हो।
तुम अपना साथ देना शुरू करो,
लोग तुम्हारा साथ देने में गौरव अनुभव करेंगे।

□

बच्चे को मां कड़वी दवा देती है
और वह बेचारा उगल देता है।

□

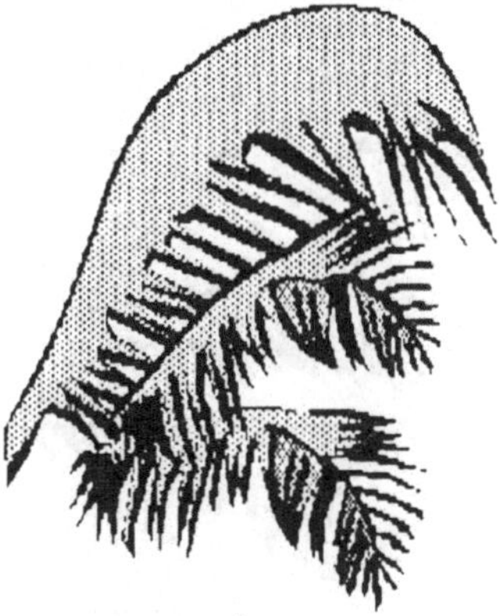

एक बार मैंने एक प्रश्न पर
अनेक लोगों के विचार जानना चाहा।
इसी क्रम में...
एक सज्जन से मिलने का अवसर लगा।
उन्होंने कहा कि यह प्रश्न तो
मेरे मन में अर्से से घूम रहा है और इसका उत्तर भी।
पर इस पर प्रगटतः कुछ कैसे कहूं?
आप तो जानते ही हैं,
मैं अमुक धर्म-संस्था का संचालक हूं
और यह प्रश्न मूलतः राजनीतिक।
मैंने कहा,
इस कृत्रिमता से बढ़कर भी क्या कोई
अधर्म हो सकता है?

□

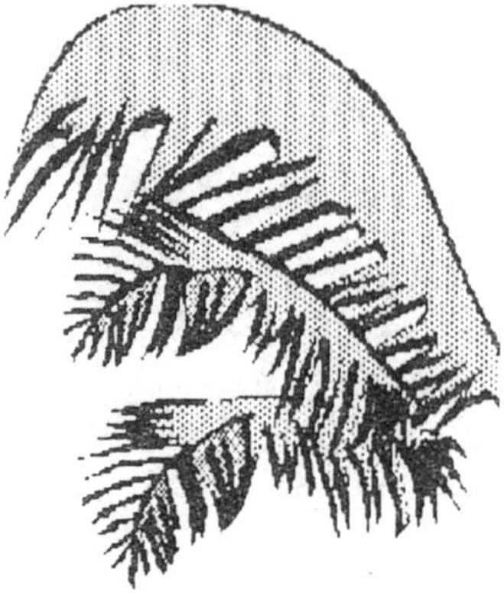

तुम मुझे बेवकूफ समझते हो
कि मैं ऐसे वृक्ष रोप रहा हूं
जिनका फल चखने को मैं नहीं रहूंगा।
और मुझे तुम पर दया आती है
कि तुम्हारी दृष्टि केवल फलों पर केंद्रित है
और तुम्हारा वृक्ष रोपने के आनंद से कोई परिचय नहीं।

□

वह नारी की लाज और विवशता है
जिसे लोग समझने में भूल करते हैं
और कहते हैं कि वह एक समस्या है।

□

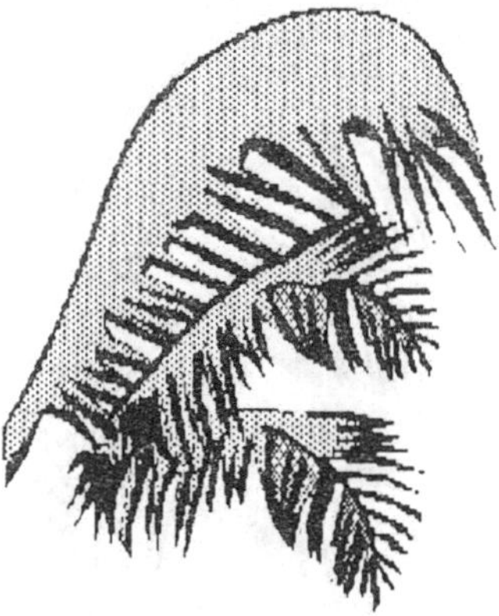

मैं सच बोलता हूं, तो वे मुझे जीने नहीं देते,
जो सच बोलने का उपदेश देते फिरते हैं,
और झूठ बोलने पर स्वयं नहीं जीता हूं।
शायद मुझे सच बोलते रहकर
उन्हें पुरुषार्थ का अवसर देते रहना पड़ेगा।

□

वह कितना सरल हृदय है
जो किसी पर मुग्ध होता है।

□

लोग तुम्हारी मधुर बातों से मुग्ध हो धोखा खा सकते हैं,
पर तुम स्वयं को कैसे ठग सकते हो?

□

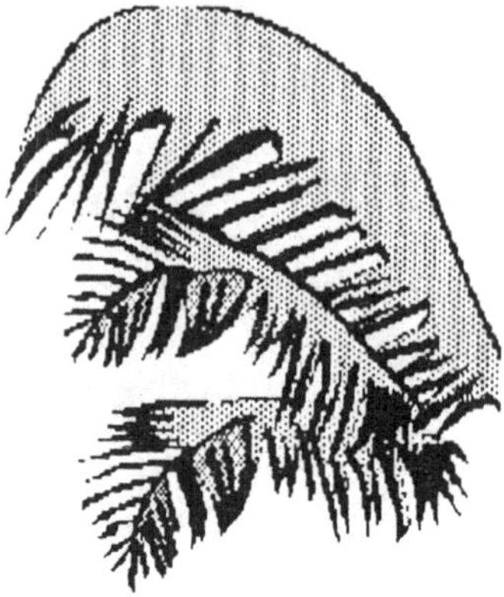

चोर ही चोर को पकड़ता है।

□

दुनिया में अमृत व विष, दोनों के ही खजाने हैं।
यह तुम्हारे अपने ऊपर है कि तुम इनमें से क्या चुनो।

□

अगर तुम्हारी समझ में आ जाए
कि भोग से भोग की इच्छा बढ़ती
एवं बलवती होती है
तो उसमें एक बार और डूबने की
तुम्हारी इच्छा समाप्त हो जाएगी।

□

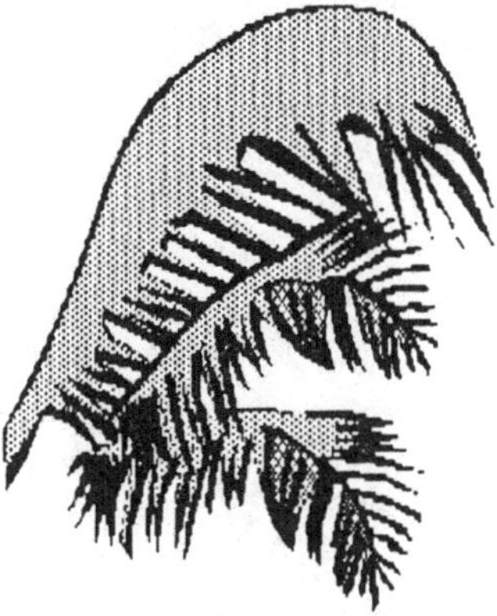

देखते रहो, देखते रहो ।
सोते-जागते, उठते-बैठते, देखते रहो ।
जब तक तुम्हारे अंदर अंशमात्र भी गंदगी रहेगी,
तब तक आत्म-ज्ञान असंभव है ।
और जब तक आत्म-ज्ञान न हो जाए,
तुम्हें ज्ञानसंबंधी उपदेश देने का कोई अधिकार नहीं ।

□

दूसरे के दोषों की चर्चा मत करो
जब तक तुम्हारे अंदर दोष हैं ।
फिर भले ही वे छोटे-बड़े अथवा
कम-ज़्यादा हों क्योंकि इससे विशेष अंतर नहीं पड़ता

□

जब तुम्हें किसी पर दया आए
और यदि तुम अन्य किसी उपयोग के नहीं हो,
तो कम-से-कम सहानुभूति के दो शब्द कहो ।
जब तुम्हें कुछ मुग्ध करे तो प्रगट करो कि तुम मुग्ध हो !

□

मेरा धर्म क़िताबों में नहीं है ।
वह है मेरा स्वभाव ।
और जिससे मुझे भय, शंका, लज्जा व ग्लानि की
अनुभूति होती हो,
उसे हमारे स्वभाव के विपरीत जानना चाहिए ।

□

शिकारी शिकार भी होता ही है ।

□

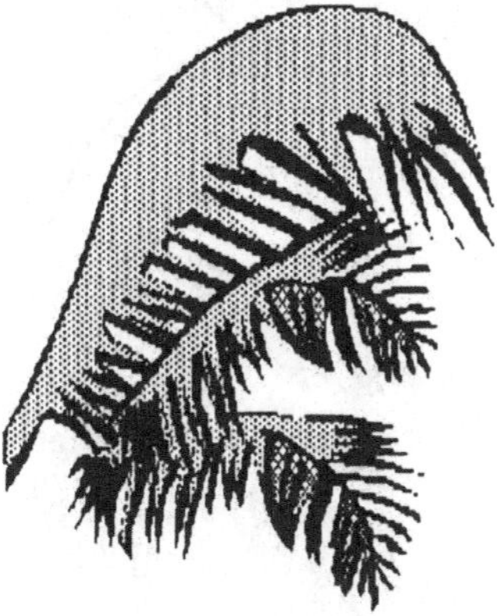

तुम धन्य हो, जो किसी का उपकार करते हो
और वह धन्यवाद नहीं देता,
वह अभी धन्यवाद देने योग्य नहीं है।
तुम्हें उस पर दया आनी चाहिए।

□

तुम जितनी बार दुःखी होते हो,
परमात्मा उतनी ही बार मूर्च्छित हो जाता है।
तुम अगर चाहो,
अपने दुःखों का नाश कर
परमात्मा को जिला सकते हो और स्वस्थ कर सकते हो।

□

तुम केवल अगर सत्यभाषण साधो,
तो भी अन्य सब स्वयमेव सध जाएगा।

□

दुःख देने वाले के प्रति हमें कृतज्ञ होना चाहिए
क्योंकि हर दुःख परमात्मा का प्रेम-संदेश है,
जो हमारा तीसरा नेत्र खोलने के लिए आता है और वह
आता रहेगा, जब तक तीसरा नेत्र खुल ही न जाए।

□

बेवकूफ़ के हाथों अमृत पीने के बजाए
बुद्धिमान के हाथों विष पीना अधिक पसंद करूंगा।

□

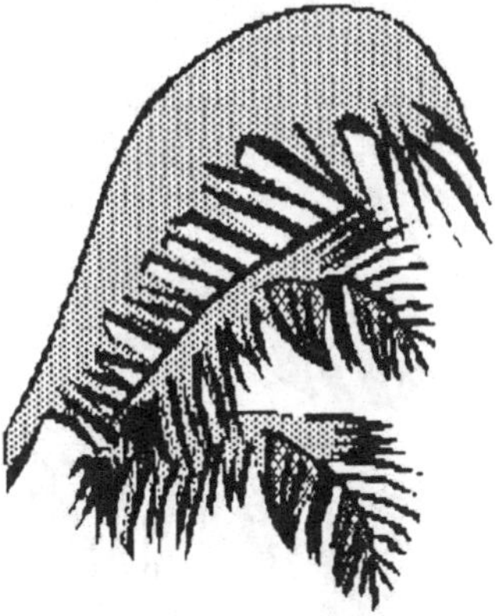

मैं उनके समक्ष चुप रहता हूं,
इसलिए नहीं कि मैं उनसे भयभीत हूं;
बल्कि इसलिए कि मेरी बातों से उन्हें कष्ट पहुंचेगा।

□

दूसरों के दोषों को देखने जाओगे तो कई जन्म लेने पड़ेंगे
और फिर भी दोषों का दिखना बंद न होगा।
और अगर अपने दोषों को देखोगे, तो एक जन्म में ही उनसे
सदा के लिए मुक्ति मिल सकती है।

□

प्यार में बच्चे को इतना न दबाना चाहिए
कि वह चीख़ पड़े।

□

मैं हिरन को उछलते व पक्षियों को उड़ानें
भरते देखना पसंद करूंगा,
अपेक्षाकृत उनका शिकार किए जाते देखने के ।

□

तुम किसी को बुरा समझकर अगर झगड़ पड़ो
तो तब तक उससे फिर न मिलो,
जब तक उसे भला न समझने लगो ।
अक्सर होता यह है कि तुम बुरा समझते हुए ही
उससे फिर मिलते और मुस्कराते हो क्योंकि
तुम्हारा उससे कोई स्वार्थ सधता है ।
किंतु इस प्रकार तुम अपना बड़ा अहित करते हो ।

□

यदि लंगड़ा चलने को तैयार हो,
तभी कोई उसे आग से बच निकलने
में सहायक हो सकता है ।

□

मैं भूखा न होता, तो भूख व भूखों को कैसे जानता ।

□

आकाश अनंत एवं असीम है
पर मेरे हृदयाकाश की अनंतता
एवं असीमता का वह अंशमात्र है ।

□

आनंद में ही मेरा जन्म हुआ,
आनंद में ही मैं जिऊंगा
और आनंद में ही विलीन हो जाऊंगा।

□

मुझे दुःख है कि तुमसे मेरा मिलन तब हुआ
जब मैं अज्ञात मौन में प्रवेश कर चुका हूं
और तुम्हें शब्दों के सिवाय
बात करना अभी नहीं आता।

□

मुझे उनसे कोई सहानुभूति नहीं,
जिन्हें अपने से स्वयं सहानुभूति नहीं।

□

तुम जब दरिद्र होते हो,
लोग तुमसे घबराते हैं और जान छुड़ाना चाहते हैं ।
और तुम जब समृद्ध होते हो,
लोग तुममें आनंद लेते हैं, और तुम्हें छोड़ना नहीं चाहते ।
और कदाचित् तुम आश्चर्य ही करो
कि दरिद्र बनने के लिए हमें श्रम करना पड़ता है
और समृद्ध बनने के लिए कुछ नहीं ।
क्योंकि समृद्धि हमारा सहज स्वभाव है ।

□

सत्य के जो जितना निकट है,
वह उसे उतना ही प्रीतिकर है ।
और जो उससे जितना दूर है,
उसे वह उतना ही अप्रीतिकर ।

□

मेरा किसी पर हंसना उसी दिन समाप्त हो गया
जिस दिन मैंने अपने एक पड़ोसी को
मुझसे बातें करते वक़्त दूसरे पड़ोसी पर हंसते देखा;
और ठीक दूसरे दिन दूसरा पड़ोसी जब मुझसे मिला
वह पहले पर हंस रहा था ।
यह मनुष्य की हास्यास्पद स्थिति है
और हम सब ही इसके शिकार हैं ।

□

सृष्टि के आदिकाल से नारी व पुरुष
एक-दूसरे पर दोषारोपण कर रहे हैं,
. जबकि सचाई यह है कि
एक का भी काम दूसरे के बिना नहीं चलता ।

□

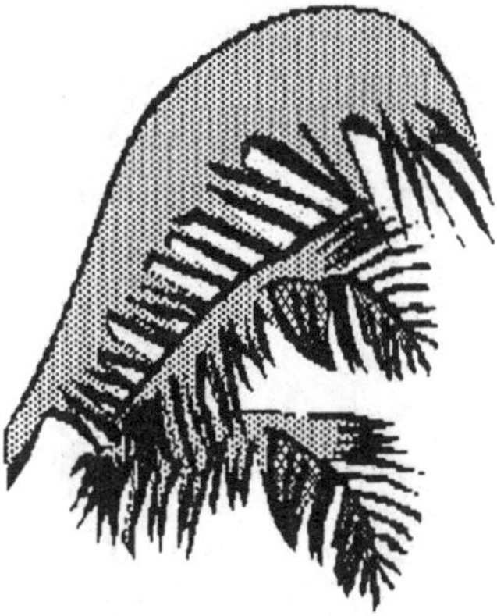

दयनीयता की अस्वीकृति
के साथ ही सामर्थ्य की शुरुआत है ।

□

यह समूची दुनिया भी मेरे विचारों के लिए
कितनी छोटी है ।
वह उन्हें सुन तक नहीं सकती ।

□

कवि को आलोचक जिस दिन समझ लेगा
उस दिन आलोचना छोड़ वह कविता करने लगेगा ।

□

लोग क्षण भर में ही एक-दूसरे को शत्रु समझ लेते हैं
और अलग हो जाते हैं।
अगर इस तरह ग़लत समझने की ग़लती न करें
तो वे एक-दूसरे के सहयोगी हो सकते हैं।

□

वह धन्य है जिसका हृदय भावों से इतना भरा है
कि दूसरे के लिए रोता है।
क्योंकि आगे परमात्मा जब छाती से उसे लगाएगा
तो फिर अपने लिए भी उसे रोना नहीं पड़ेगा।

□

जीवन ही एक साधना है।

□

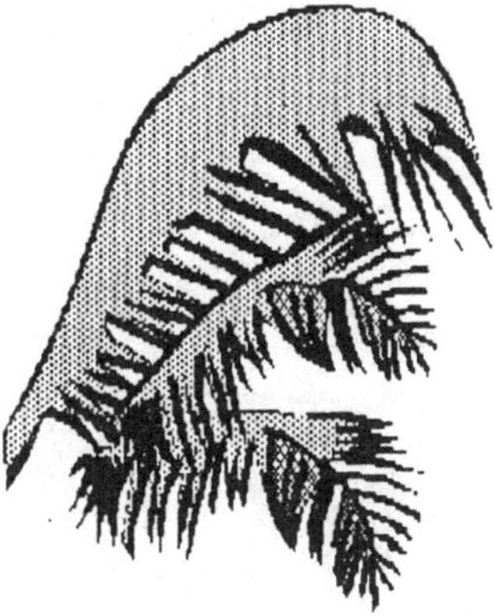

सफलता-असफलता नहीं,
लक्ष्य को सामने रखकर चलो ।
क्षण भर को भी लक्ष्य न भूले,
यही परम सफलता है ।

□

मैं सर्वाधिक चकित तब होता हूं
जब एक मनुष्य दूसरे पर हंसता है ।

□

हमें कोई उठा ले जाकर चोटी पर बिठा नहीं सकता
लेकिन अगर हम चोटी पर जाना ही चाहें
तो हमें वहां पहुंचने से कोई रोक भी नहीं सकता ।

□

मेरी आर्थिक कठिनाइयों
ने जहां मुझे अनेक असुविधाएं दी हैं
वहीं एक बड़ी सुविधा भी दी है
कि चमक-दमक के पार देख पाने वाले
कुछ गिने-चुने लोग ही मेरे पास आते हैं।

□

धन्य है वह हृदय, जो किसी रूप पर मुग्ध होता है
क्योंकि एक दिन उसे पता चल ही जाता है
कि आकृष्ट करने वाला इस रूपवान् शरीर के पार है;
और
तब वह अपने को भी शरीर से परे ढूंढ़ने-पाने लगता है।
किंतु जो शरीर पर भी कभी मुग्ध नहीं हुआ
उसे शरीर से पार जाने का प्रश्न ही नहीं उठता।

□

□

मेरा अपनी ही आंखों से देखना कब शुरू हुआ,
यह तो स्मरण नहीं, पर यह दृढ़तर तब हुआ
जब मैंने स्पष्टत: देखा कि जब-जब मैं झूठ बोला
मुझे प्रेम किया गया और सच बोलने पर घृणा।
जब-जब मैं अमानवीय हुआ,
मुझे पुरस्कार दिया गया और मानवीय होने पर दंड।
और जब भी मैं ने दूसरों का रक्त चूसा,
मेरी प्रशंसा की गई
और अपना रक्त देने पर मैं पागल कहा गया।

□

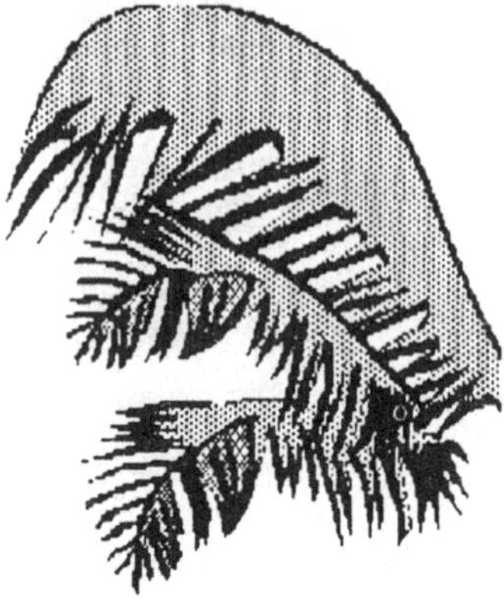

दुनिया हमारे जन्म से पूर्व भी थी
और हमारी मृत्यु के बाद भी होगी ।

□

मैं उतना किसी बात से कभी नहीं हंसा
जितना इससे कि
ये तोपें और मशीनगनें मनुष्य की सुरक्षा के लिए हैं ।

□

मूर्ति-पूजा मूर्खता व दुर्भाग्य का दूसरा पार्श्व है ।

□

मैं प्रेम का भूखा हूं और निराश भी ।

□

हर जगह उसका वास है
हर क्षण उसका द्वार खुला है
हर स्थिति उसके मंदिर में प्रवेश के योग्य है।
सिर्फ तुम्हें आंख खोलने की देर है।

□

सौ चापलूस प्रशंसकों से
एक खरा आलोचक सौ गुना अच्छा ।

□

नारी संसार का सर्वाधिक रूपवान् पुष्प है।
किंतु अभागा पुरुष उसी के साथ
सर्वाधिक कुरूप व्यवहार करता है।

□

वृक्ष ने कहा : 'तुम मुझे पत्थर मारो, मैं तुम्हें फल दूंगा ।'

□

जब मुझे स्मरण आता है
कि आज से सवा सौ साल बाद
आज का एक भी आदमी शेष न रहेगा,
तो मुझे उस पर करुणा आ जाती है ।

□

क्या कोई मुझे बता सकता है
कि मैं अपने प्रेमी को कैसे प्यार करुं,
अथवा उससे मिलने कब व किस मार्ग से जाऊं ?

□

जो मेरे विचारों को
अपने अनुरूप मोड़ना चाहते हैं
वे मुझे खो देते हैं,
और जो उन्हें सुन भर लेते हैं,
वे मेरे मित्र हो जाते हैं।
दुनिया में दूसरी तरह के लोगों की बड़ी कमी है।

□

जब 'मैं' होता हूं तो काम, क्रोध, मद, लोभ नहीं होते;
और जब वे होते हैं तो 'मैं' नहीं होता।

□

मन की उड़ान भी अनंत है।

□

उस परिवार, समाज अथवा देश का भविष्य कौन कहे
जहां काग़ज़ों पर 'सत्य बोलो' सिखाया जाता हो
और व्यवहार में झूठ बोलने को बाध्य किया जाता हो ।

□

प्रेम और पीड़ा एक ही चीज़ के दो नाम हैं ।

□

मैं देखता हूं कि दुनिया में सभी लोग हत्यारे हैं,
क्योंकि कभी-न-कभी
हर एक ने किसी-न-किसी को
झूठ बोलने को बाध्य किया है ।

□

जब पत्नी अपनी मधुर मुसकानों के साथ
मेरा प्रेमपूर्ण आलिंगन करती है
अथवा बच्चे हंसते-खिलखिलाते हुए मेरे गले लगते हैं,
मैं सदा ही वियोग की एक मधुर पीड़ा से भर जाता हूं।

□

तुम सहते-सहते यों ही मुर्दा होते जाओगे।
तुम्हारी आत्मा यों ही 'हां' में 'हां'
मिलाते-मिलाते मर जाएगी।

□

हम सब अपने दुःखों में एक से हैं।

□

हे मेरे शरीर !
तू कितना दुर्बल है
कि स्वयं पर गुमान भी नहीं कर सकता।

□

आओ
हम अपने- अपने दुःखों के साथ
कुछ देर को पृथक् हो जाएं,
ताकि बाद में जब मिलें —
हम उनकी चर्चाएं करें और हंसें।

□

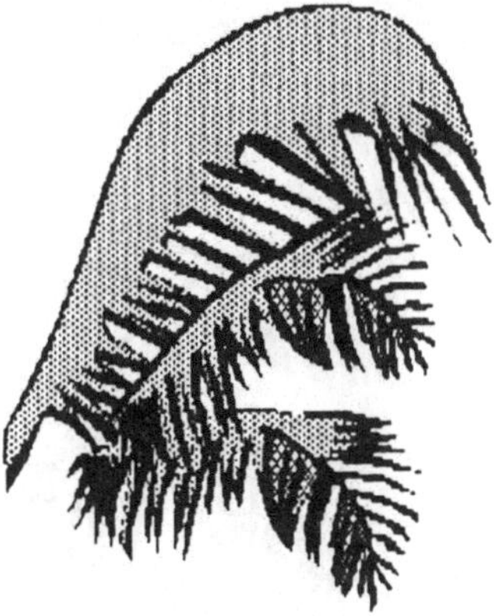

हर रोज हमारी उम्र घटती जाती है।
किंतु हम अपने मन की सुविधा के लिए
उसे बढ़ती हुई ही कहते हैं।

□

हे कलाकार!
मैं जब तेरी कला पर मुग्ध होता हूं
तो क्या तू बच रहता है?

□

स्मरण करके हंसता हूं
कि कल मैं किन्हीं बातों के लिए
किन्हीं लोगें के समक्ष हाथ पसारता था।

□

अब मैं जानता हूं
कि सभी मनुष्य एक-से दरिद्र एवं दयनीय हैं।

□

मैंने वर्तमान् संभाल लिया है
और भविष्य मेरे हाथ में है।

□

जब तुम दुःखियों को देखकर करुण हो उठते हो
और उनके दुःखों का अंत हो,
ऐसी कामना करते हो,
तो क्या तुम्हारा परमात्मा इतना भी करुण नहीं?
वस्तुतः तो तुम्हारी करुणा उसकी करुणा की
एक झलक मात्र है।

□

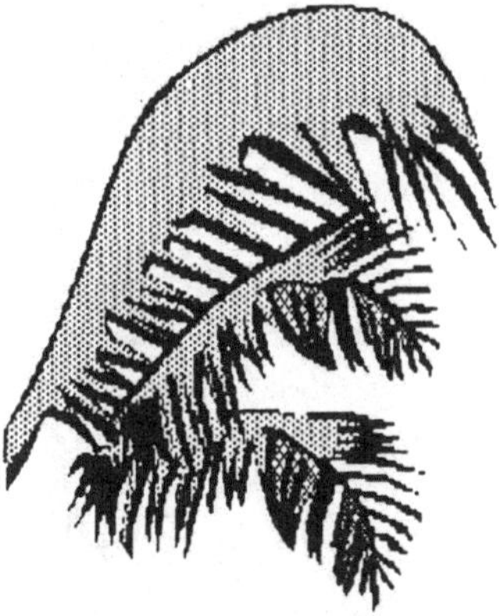

पक्षी को गीत गाने की स्फुरणा
इसलिए होती है
कि वह अतीत को स्मरण कर रोना नहीं जानता
और न भविष्य की कल्पना में सिर धुनना ।

□

तुम अगर बिना मुझे खोए नहीं रह सकते,
तो कम-से-कम यह ख़याल तो रहे
कि तुम किसी को खोकर ज़िंदा हो ।

□

मुझे मेरी सामर्थ्य एवं संभावना का पता उस दिन चला,
जब पहली बार मैं आत्म-दया से भर उठा ।

□

प्रियतम की एक झलक पा लेने पर
वियोग की पीड़ा बढ़ जाती है।

□

राजनीति शब्द से मोटे रूप में जो अर्थ लिया जाता है
उससे मुझे घृणा है।
मैं राजनीतिज्ञ न हूं, न होना चाहता हूं
तथापि जीना प्रत्येक का सहज धर्म है।
अतः जीने की मेरी उस कोशिश और अभीप्सा को ही
यदि राजनीति से जोड़ा जाए
तब तो फिर मेरी विवशता है,
मैं कभी सिद्ध न कर पाऊंगा कि मैं राजनीतिज्ञ नहीं हूं।

□

जिस दिन ज़िंदगी में कोई कठिनाई न रहेगी
उसी दिन मनुष्य की मृत्यु होगी ।
अथवा कहें जिस दिन मनुष्य की मृत्यु होगी
उस दिन कोई कठिनाई उसके लिए शेष न रहेगी ।

□

दुनिया अधिकतः दो ही प्रकार के मनुष्यों से भरी है—
एक : मूर्खों से, जिनकी पहचान है
कि वे एक-दूसरे की निंदा करते रहते हैं ।
दूसरे : विद्वानों से, जिनकी पहचान है
कि वे एक-दूसरे से अपनी प्रशंसा करते रहते हैं ।

□

मेरे किसी शत्रु ने मुझे कभी धोखा नहीं दिया।

□

प्रेम वस्तुतः न अंधा है, न आंखों वाला
वह तो वैसा ही है, जैसे तुम हो।

□

मैं तमाम लोगों से बदला ले चुका तो पता चला
कि मैंने ही अपने साथ दुर्व्यवहार किया था
और अपने से ही मैं बदला लेता रहा था।

□

बुद्धिमान् जिन कारणों से आनंदित होते हैं,
मूर्ख उन्हीं से दुःखी।

□

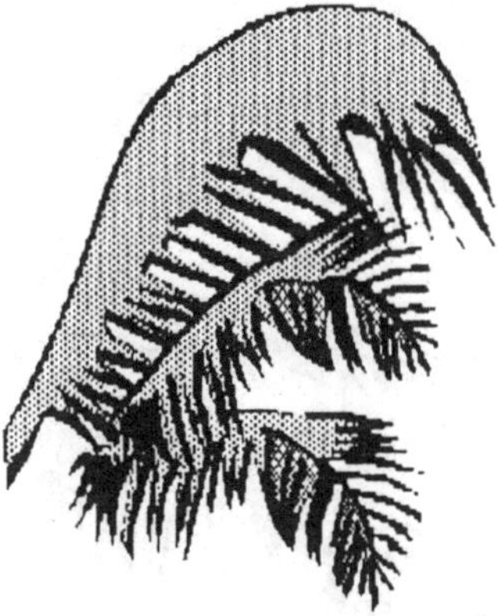

शिष्य ने पूछा : जीवन और मृत्यु में फासला ?
गुरु ने कहा : अज्ञान का ।

□

पागल और बुद्धिमान्, एक-दूसरे के बहुत निकट होते हैं ।

□

हे नारी !
तूने ही मुझे सिंहासन पर बिठाया
और अब तू ही मुझे नीचे उतार रही है ।

□

समाज में एक भी दोष नहीं है
जिसके चिरायु होते जाने में मेरा भी सहयोग न हो ।

□

असुंदर का सौंदर्य इसमें है
कि उसके अभाव में सौंदर्य—सौंदर्य ही न रहेगा।

□

स्त्रियां सभी एक-सी हैं
और पुरुष भी बहुत कम होंगे जो औरों से भिन्न हों।

□

दूसरे को आदर वही कर सकता है
जो स्वयं को आदर करता हो।
और उसी का सम्मान महत्त्वपूर्ण है
जिसका स्वयं का कोई सम्मान है।

□

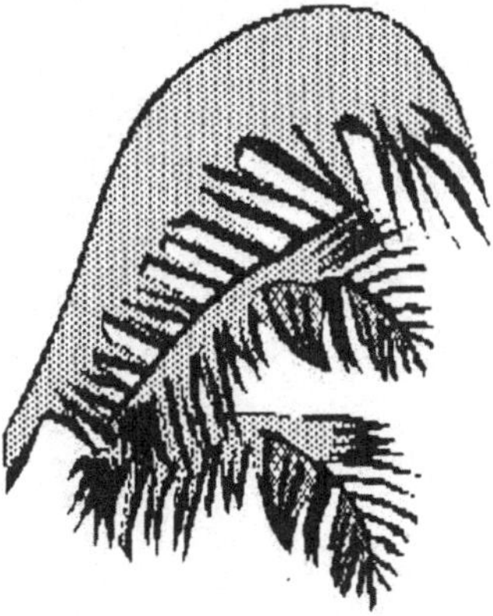

निरंतर आत्म-सृजन ही धर्म है।

□

मैंने अपने एक मित्र से 'मैं अज्ञानी हूं'
इसलिए कहा कि वह मुझे ज्ञानी समझे
और मेरा सम्मान करे।

□

सतत् विद्रोह का ही दूसरा नाम जीवन है।
जो मृत्यु तक से विद्रोह करना जानता है,
वही अमृत का अधिकारी होता है।

□

हम एक-दूसरे को खोकर जीवित हैं।

□

शक्ति रहते संभलना विरले को ही संभव होता है ।

□

तुम अधिक अच्छे तब लगते हो,
जब इस ओर से लापरवाह होते हो कि
तुम कैसे लगते हो ।

□

सोचो कि बीत गया एक भी क्षण
फिर लौटकर न आएगा ।

□

काम जीवन के लिए है, जीवन काम के लिए नहीं ।

□

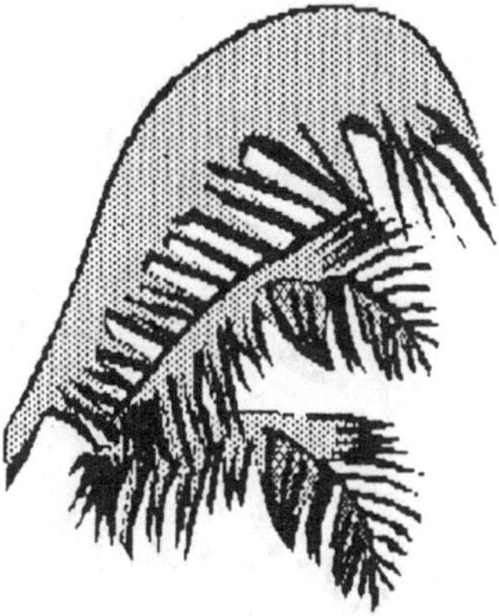

कभी-कभी जीवन के समक्ष
ऐसी समस्यायें खड़ी हो गई हैं कि मुझे लगा है
कि इनका कोई समाधान नहीं,
और कि मस्तिष्क फटे बिना न रहेगा;
पर आज ढूंढ़ने पर भी उनका कहीं पता नहीं चलता
और मस्तिष्क भी मेरा सकुशल है।

□

मैं उस परमपिता का पुत्र हूं,
जो असीम समृद्ध एवं अतुल शक्तिशाली है।
मुझे तनिक भी चिंता की ज़रूरत नहीं।

□

महुए का वृक्ष ठूंठ होने के बाद ही फलता है।

□

यह जीवन एक अद्‌भुत पाठशाला है
जहां नित्य ही हम भूलों से सीखते हैं।
अवश्य ही, कुछ लोग भूलों को स्मरण कर
चिंता एवं पश्चाताप करते हैं
जबकि होना यह चाहिए कि हम
उनसे मिले अनुभवों को ग्रहण कर
उनकी स्मृतियों को सधन्यवाद विदा दे दें।

□

जब हम सीखने को तैयार होते हैं
तो मूर्ख से मूर्ख भी कुछ बहुमूल्य सिखा जाता है।

□

मैं अब यही जानता हूं कि मैं कुछ नहीं जानता।

□

मैं जो दूसरों को देता हूं
वही कई गुना होकर मेरे पास लौट आता है ।
उसे मेरे चाहने अथवा न चाहने की परवाह नहीं
वह लौट आता ही है ।

□

जिसे शब्द नहीं कह पाते, उसे मौन कहता है ।
सच ही, मौन से समर्थ वाणी नहीं ।

□

जिन अंशों में तुम दूसरों को स्वतंत्र करते हो,
उन्हीं अंशों में तुम स्वयं स्वतंत्र होते हो ।

□

संस्कृति की उत्पत्ति मेरे अपने भीतर से है ।

□

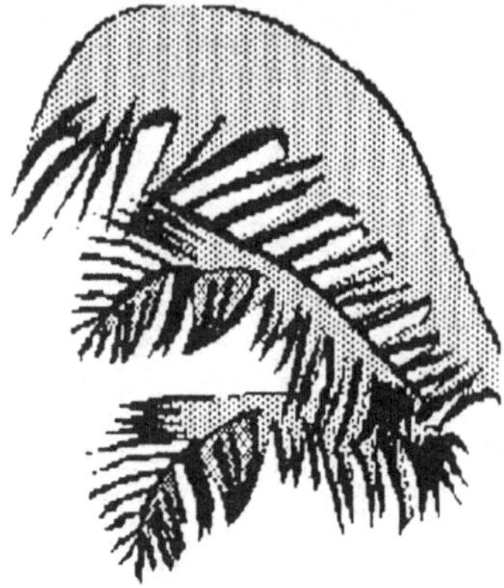

□

बीत गया क्षण पूर्णतः मृत है।
उसकी स्मृति में बंधे रहना मरना है, जीना नहीं।

□

शराबी भी किसी और कार्य के योग्य हो सकता है,
पर कवि तो संसार के किसी
अन्य कार्य के लिए अयोग्य ही हो जाता है।

□

मौन से बढ़कर अभिव्यक्ति का
माध्यम मुझे नहीं मिला।

□

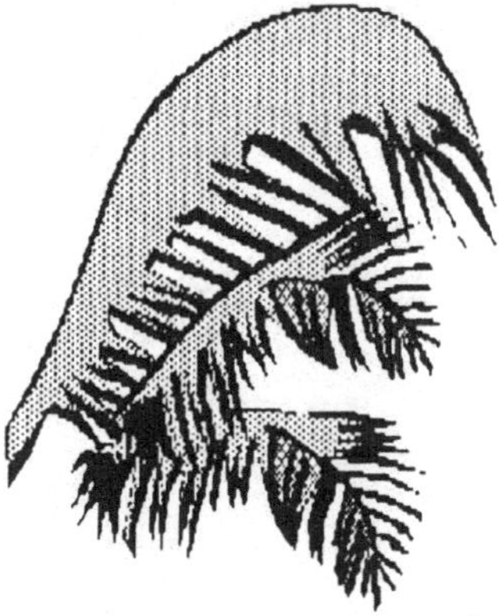

कम ही लोग जान पाते हैं
कि एक स्तर पर झूठ सच हो जाता है और सच झूठ।

□

मुझे लिखना नहीं आता
मगर प्रेम मुझसे लिखवा लेता है।

□

मैंने पढ़कर अपनी कविताएं अक्सर
इसलिए नहीं सुनाईं कि लोग प्रशंसा में वाह-वाह
करने लगते हैं और मैं जानता हूं
कि जो कविता समझेगा,
उसे मुंह खोलने का ख़याल कैसे रहेगा।

□

एक शब्द से काम चले तो दो मत बोलो।
शब्द एवं जिह्वा की जितनी हिफ़ाज़त तुम करोगे,
वे भी उतनी ही हिफ़ाज़त तुम्हारी करेंगे।

□

यह भी अहंकार का एक स्वरूप है
कि तुम अपना नग्न सत्य स्वयं तो कहने का साहस करते
हो, पर अन्य द्वारा तुम्हारा वही नग्न सत्य कहा जाता है
तो तिलमिला उठते हो।

□

कोई रहस्य रहस्य न रहेगा।

□

जो भी चाहते हो, वह तुम्हें मिलेगा ।

०

राष्ट्रीयता एक दुःसाध्य बीमारी का नाम है ।

०

जो तुम्हें असंभव लगता है,
वही करो तो वीर हो ।

०

जो संसार के किसी भी दो हाथ-दो पैर
वाले को संभव हुआ है, वह तुम्हें भी संभव है !

□

अपने पुत्रों को स्वतंत्र रहने की प्रेरणा के अतिरिक्त
मैं इस तथाकथित प्रजातंत्र को क्या दे सकता हूं ?

□

मौन ही संभाषण है और स्थिरता ही मुस्कान।

मैं चुप हूं क्योंकि बोला बहुत गया है।

मेरे बच्चे बड़े हों तो जानें कि उनका पिता
उन्हें उतना प्रेम नहीं कर सका,
जितना करना चाहता था।
और या फिर वे उतना समझ नहीं सके,
जितना उसने किया।

मुझे राष्ट्र नहीं मनुष्य प्रिय है।
और मनुष्य किन्हीं सीमाओं में क़ैद नहीं।

□

जब हम किसी सुनसान में भयभीत होते हैं
एक अपंग बूढ़े की उपस्थिति भी हमें बल देती है।
और यह बात बड़ी अर्थपूर्ण है।

□

सत्य के पास प्रमाण शायद ही कभी रहा हो।
वस्तुतः तो असत्य ही प्रमाण का मोहताज़ है।

□

क्या बोलूं ? जो भी बोलूंगा, असत्य होगा ।

□

दुनिया का क़ानून
आज तक एक भी ख़ूनी को दंडित नहीं कर पाया ।
जब वह फांसी देता है
तब ख़ूनी को मरे उतने ही दिन हो गए होते हैं,
जितने दिन कि ख़ून को हुए ।
वास्तव में उस समय क़ानून
एक निरपराध का ही ख़ून करता है ।

□

जो बिना बुलाए आता है, उसे बुलाया नहीं जाता ।

□

मेरे समक्ष अब कोई चारा नहीं है
सिवा इसके कि मैं मौन हो जाऊं
और वे मुझे मूर्ख समझें ।

□

पराजय स्वीकार कर लेने पर ही
उसका साक्षात् संभव है ।
और यह स्वीकृति आलसी के
अतिरिक्त किसी को भी असंभव है ।

□

मैं ही अपना शत्रु हूं और मैं ही अपना मित्र ।
हां, मैंने ही अपना नाश किया और
अब मैं ही अपना निर्माण कर रहा हूं ।

□

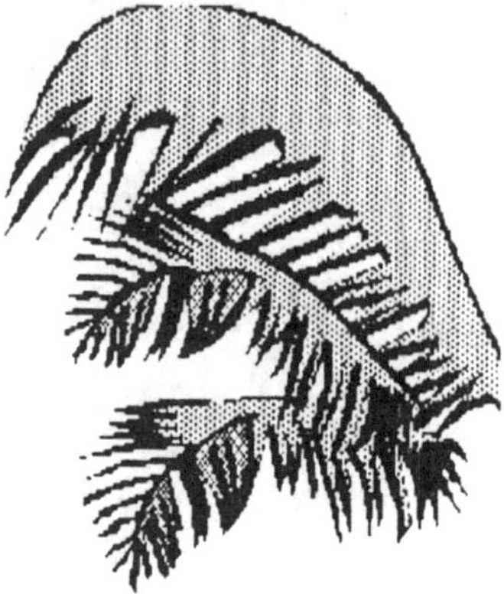

हम एक-दूसरे के दोषों व निंदाओं पर जीवित हैं।
और इसीलिए इतने मरे-मरे हैं।

□

सुख चाहते हो तो सुख की इच्छा न करो।

□

वे अक्सर दोषी नहीं होते
जो अपना दोष स्वीकार करते हैं।
और वे कभी दोषी नहीं होते
जो अपने को दोषी जानते हैं।
हालांकि कई बार हम अपने को निर्दोष
बताने के लिए भी दोषी कहते हैं।

□

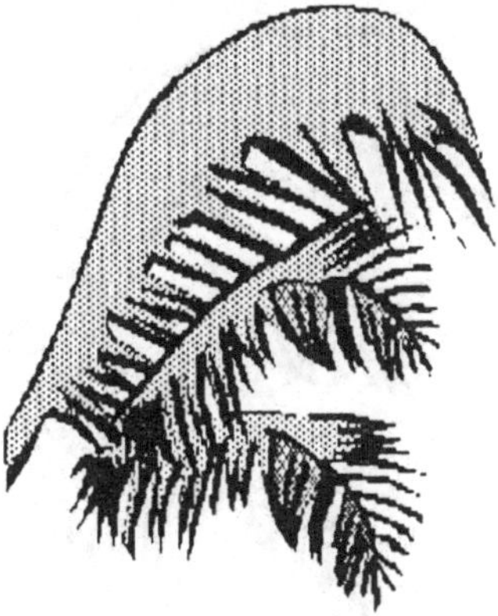

अब तो यही इच्छा है कि कोई इच्छा न रहे।

□

हम विवाहित लोग अज्ञातरूप से पत्नियों के गुलाम हैं।

□

पाने का आनंद वह क्या जाने, जिसने कभी खोया नहीं।

□

पाने के प्रयास में जो आनंद है, वह पा जाने में कभी नहीं।

□

एक मुस्कान पर लुट जाने वाला यथार्थतः धनवान् है।

□

मैंने स्वयं को क्षमा कर दिया है।

□

मैंने सर्वाधिक प्यार उसे किया है
जिसे सर्वाधिक सज़ा दी है।
अथवा यों कहें कि मैंने सर्वाधिक सज़ा उसे दी है
जिसे सर्वाधिक प्यार किया है।

□

मनुष्य-निर्मित क़ानूनों की निरर्थकता
क्या इसी बात से सिद्ध नहीं हो जाती कि
मैंने प्राय: प्रत्येक प्रकार के अपराध किए हैं,
पर क़ानून व समाज की दृष्टि में निर्दोष हूं।
इतना ही नहीं;
कई बार मुझे उसके लिए दंड भुगतना पड़ा है
जिसके लिए मैं ज़िम्मेवार नहीं था।

□

अब जानता हूं कि मैं सदैव
अपनी ग़लतियों के लिए
दूसरों को कोसता व डाटता रहा हूं ।

□

जब मैं ही अपने लिए रहस्य बना हुआ हूं
तो फिर दुनिया तो बहुत विशाल है ।

□

धन्यवाद दो कि दुनिया तुम्हें बनी-बनाई मिली है ।

□

आंसुओं से अधिक पवित्र वस्तु
इस पृथ्वी पर शायद ही कभी रही हो ।

□

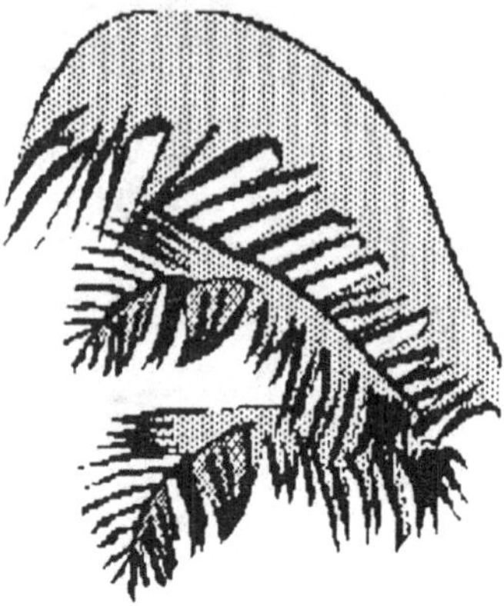

सोचो कि तुमने इस दुनिया का सौंदर्य
बढ़ाने में सहयोग दिया है
अथवा कुरूपता बढ़ाने में ?

□

अगर मैं बेवकूफ हूं तो तुम बेईमान हो
क्योंकि तुमने हमें बेवकूफ़ बनाए रखने की
साज़िश की है ।

□

कई बार किन्हीं चीज़ों की आलोचना
तुम इसलिए करते हो कि उसे स्वयं करना चाहते हो,
पर किसी कारण असफल रहते हो ।

□

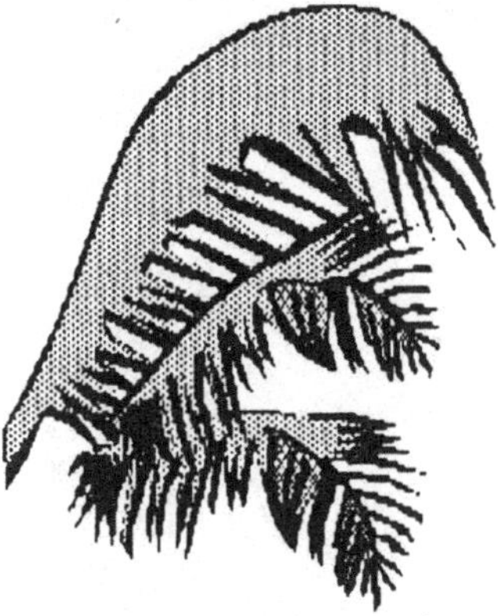

प्रेम में जीत तो जीत है ही,
हार भी जीत है।
और घृणा में हार तो हार है ही,
जीत भी हार है।

□

किसी भूखे चोर से जब कोई पूछता है
कि चोरी क्यों करते हो ?
तो वह एक पाप करता है।

□

शुभ काम अभी कर लो।
कौन जाने अगले क्षण मौत तुम्हारे ही द्वार पर खड़ी हो।

□

प्रत्येक व्यक्ति अपने को ठीक समझता है।
जब कोई अपने में भी बेठीक देखता है,
तभी उसके भीतर वह क्रांति घटित होती है,
जो उसे पूर्णता की ओर ले जाती है।

□

मैं पढ़े-लिखे गंवारों से जितना तंग हुआ हूं,
उतना उनसे कभी नहीं जिन्हें पढ़े-लिखे लोग
गंवार कहते हैं।

□

धन्य है प्रेम,
जिसका बदला इस संसार में कहीं नहीं है।

□

जब 'मैं' का ही पता नहीं,
तो फिर 'मेरा' क्या ?
'मेरे' विचार कैसे ?

□

जब तक मैं स्वयं से अपरिचित हूं
तब तक स्त्री ही हूं, पूर्णतः प्रकृति के अधीन ।

□

दुःख ही मनुष्य को मनुष्य बनाता है ।
अभागा है वह, जिसे कभी दुःख का अनुभव नहीं हुआ,
क्योंकि वह आनंद का भी अनुभव नहीं करेगा ।

□

चोटें हमें जगाती हैं,
सच्ची व उचित स्वीकृति हमारा आत्मबल बढ़ाती है,
पर चाटुकार प्रशंसा तो हमें सुला ही देती है ।

तुम्हारे साथ न्याय नहीं हो रहा है,
यह भी एक न्याय ही है ।
और जिस दिन इस कथ्य की सच्चाई तुम पर प्रगट होगी,
तुम नाच उठोगे ।

कोई भी शुभ कार्य इसलिए मत करो
कि बदले में कुछ मिलेगा ।
बल्कि इसलिए करो कि उसका करना ही एक आनंद है ।

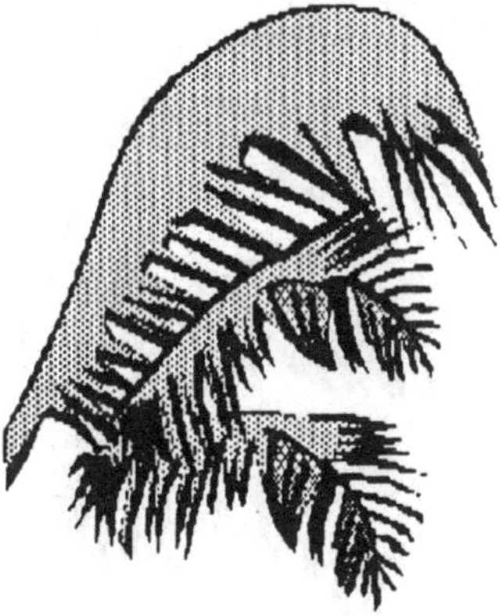

सत्य ही शक्ति है।

□

सत्य के लिए न कोई पुरस्कार है,
और न असत्य के लिए कोई दंड।
अथवा कहें, सत्य के लिए कोई भी पुरस्कार थोड़ा है,
और असत्य के लिए कोई भी दंड कम।

□

दुनिया में एक चीज़ बड़ी मज़ेदार है
कि कोई भी हमेशा ही अंधा बना नहीं रह सकता।

□

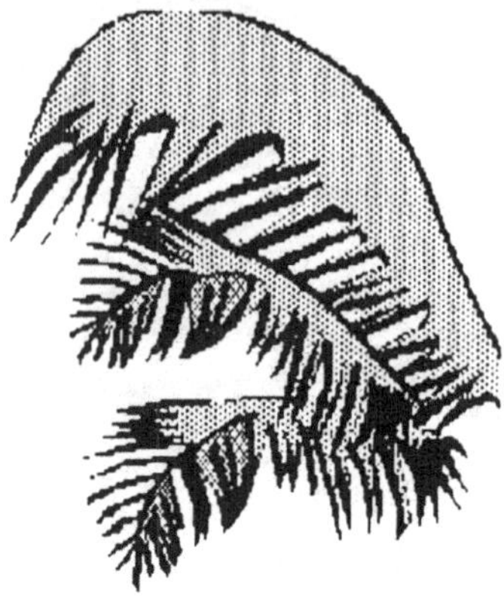

ते कितने बड़े हैं
जिन्हें अपनी अच्छाई नहीं दिखती
और दूसरों की दिख जाती है।
और वे कितने छोटे होते हैं
जिन्हें अपनी बुराई नहीं दिखती
और दूसरों की दिखती है।

□

मनुष्य को प्रेम किया जाए
इसके लिए यही एक कारण पर्याप्त है
कि मेरी तरह वह भी एक दिन मृत्यु का ग्रास बनेगा।

□

विवाह ही नहीं,
वस्तुत: तो संसार की प्रत्येक वस्तु,
प्रत्येक घटना हमें बांधती है ।
किंतु यह आश्चर्य भरा सच ही है
कि प्रत्येक बंधन अपने अंतस् में
मुक्ति का द्वार भी छुपाए हुए है ।
जिनको आंखें होती हैं,
वे उसे खोज लेते हैं
और एक-दूसरे के आनंद एवं मुक्ति का कारण बनते हैं ।
और इस खोज का रहस्य-सूत्र है—
'हम उसी अनुपात में मुक्त होते हैं
जिस अनुपात में दूसरे को मुक्त करते हैं ।'

□

मेरे स्वभाव !

अब तेरे लिए बलिदान के सिवा कोई विकल्प नहीं।

क्योंकि इस संसार में सत्य और ईमान से

दो रोटी जुटा पाना असंभव है और

असत्य एवं बेईमानी की रोटी खाकर जीने से

मर जाना श्रेयस्कर।

सच ही, जीना सदा जीना नहीं है।

और वैसे ही, मरना भी सदा मरना नहीं है।

□

हत्यारे के लिए इससे बढ़कर कोई दंड नहीं

कि उसे एकदम बिना कुछ कहे-सुने छोड़ दिया जाए।

□

अगर मेरा वश चले तो आने वाली पीढ़ी को
'खल' व 'दुष्ट'
जैसे शब्दों से परिचित न होने दूं।
क्योंकि मेरी दृष्टि में खल या दुष्ट कोई नहीं।
नासमझ ज़रूर होते हैं।
और कोई मुझे नासमझ कहता है
तो यह मेरे समक्ष एक चुनौती होती है।
और कोई खल अथवा दुष्ट कहता है,
तो एक तरह की हीन भावना और
बेशर्मी पैदा होती है, आत्मिक हनन होता है।

□

प्रेम अकेले में ही प्रगट होता है।

□

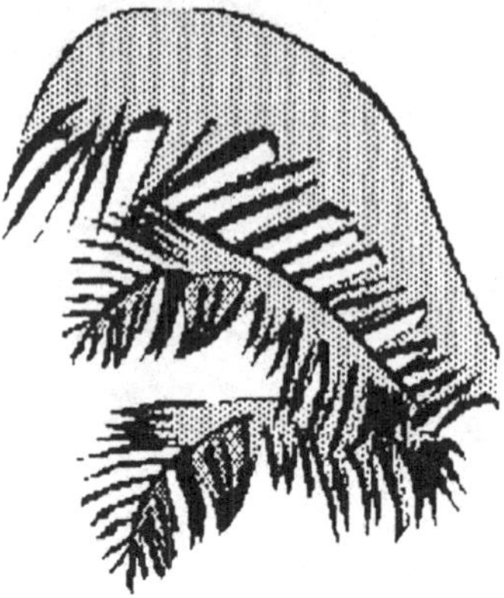

मृत्यु जीवन के लिए एक चुनौती है।

□

दुःखी होना बुरा नहीं है
किंतु हताश या विचलित हो जाना
एक भयानक बात है
और मनुष्य की गरिमा के प्रतिकूल भी।

□

प्रेम का कोई बदला नहीं है।
इसलिए प्रेम में जो पहल करता है,
वह जीत जाता है।

□

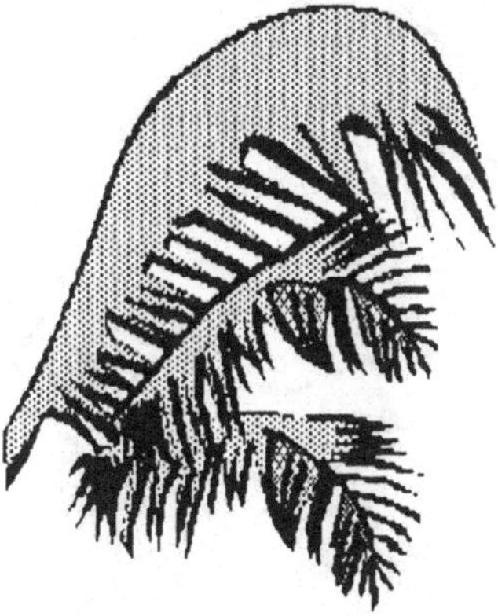

देखने, बोलने व सुनने की शक्ति का हम
जितना दुरुपयोग करते हैं,
उतना उन वस्तुओं का भी नहीं करते,
जो पैसों से खरीदी जा सकती हैं ।

□

मृत्यु सबसे प्रखर बोल बोलती है, सर्वाधिक चुनौतीपूर्ण ।

□

अपने आप से मिलना सबसे कठिन है ।
मगर आह ! संभव भी केवल वही है ।
और जो अपने से नहीं मिला है,
वह कभी किसी से नहीं मिला है ।

□

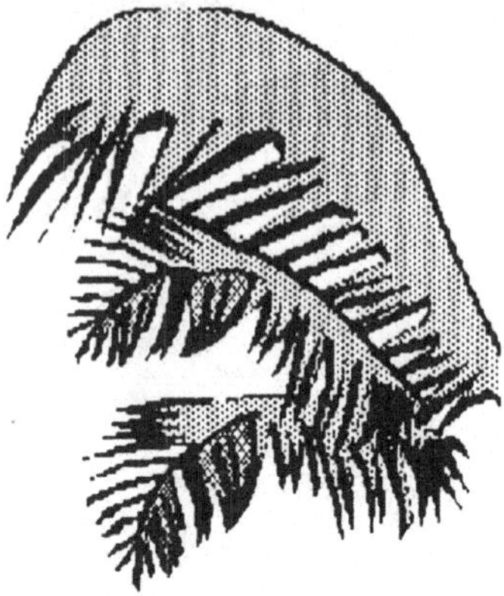

मैंने भगवान् और भाग्य की हत्या कर दी है
क्योंकि इन्होंने मिलकर हमारी हत्या करनी चाही थी।

□

जिस बुराई का तुमने विरोध न किया हो,
उसे बुराई कहने का कम-से-कम तुम्हें कोई हक़ नहीं।

□

मानसिक अस्वास्थ्य ही लिखता है।
स्वास्थ्य से तो संगीत ही झरेगा।

□

अन्याय के थोक अड्डे का नाम न्यायालय है।

□

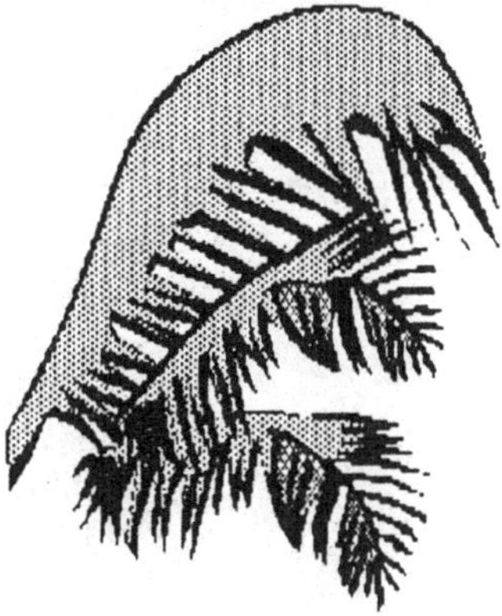

मुझमें इतनी समझ नहीं कि
मैं किसी बात के लिए चिंता करूं ।

□

मैंने अपना द्वार बंद कर लिया है
और अब उसके भीतर संसार का प्रवेश असंभव है ।

□

बिना मांगे किसी चीज़ का स्पष्टीकरण मत दो ।
यह एक ऐसी आदत है
जिससे समय व शक्ति का अपव्यय तो होता ही है,
अपने आप पर से विश्वास भी उठ जाता है
जो कि ख़तरनाक है ।

□

दुनिया में हर एक अपने को ठीक समझता है
और उसे सिद्ध करने की चेष्टा कर रहा है।
मैं कहता हूं ठीक सिद्ध भले न कर पाए,
पर बहुत गहरे में हर एक ठीक है।

□

मैं इतना दरिद्र एवं दुर्बल हूं
कि किसी को प्रेम नहीं कर सका।

□

इधर क्रांति की इतनी बातें हुई हैं
और इस शब्द को इतनी बार दुहराया गया है
कि मैं इससे नफ़रत करने लगा हूं।

□

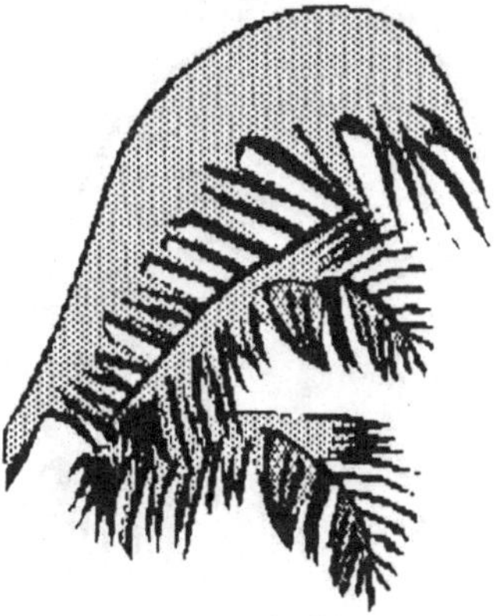

हम इतने बहरे हैं
कि कारख़ानों और फैक्टरियों के चीख़ते हुए हूटरों
को भी नहीं सुन पाते
कि यह जो 'बजा' है, फिर कभी नहीं 'बजेगा'।
शायद उन्हें और जोर से चीख़ना चाहिए।

□

मैं कहीं भी विवश नहीं हूं।

□

मुझसे बढ़कर कोई मेरा आलोचक नहीं है।

□

पीड़ा ही सत्य है।

□

बेवकूफ़ द्वारा सम्मान पाने से बुद्धिमान्
द्वारा अपमानित होना बेहतर है।

□

मेरी सहानुभूति उनके साथ है
जो पराजित हैं।

□

मैं अपने को दीन केवल तब अनुभव करता हूं
जब कोई किसी असुविधा में होता है
और मैं उसके लिए कुछ कर नहीं पाता।

□

जो आनंद पर-आश्रित है, वह आनंद नहीं है।

□

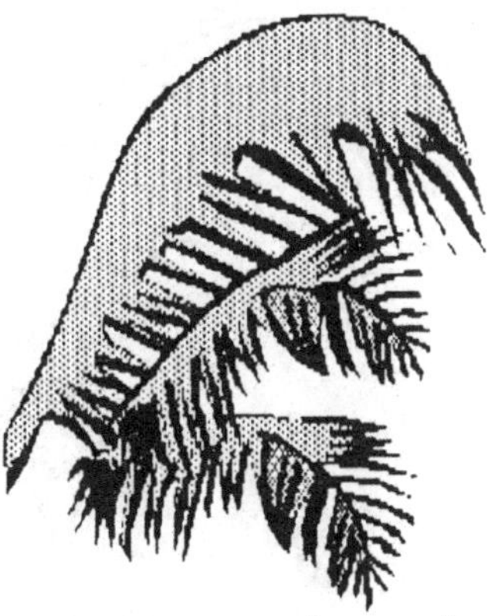

प्रेम का एक और नाम है—'तुम'
और परमात्मा का भी एक नाम है—'तू'

□

जहां जीवन में सब कुछ अज्ञात है,
वहां किसके लिए सुख मनाएं, किसके लिए दुःख ?

□

दुनिया में अधिकतम पति-पत्नी या तो मूर्ख हैं
और या फिर एक-दूसरे के शत्रु ।
मुझे प्रसन्नता है कि हम मूर्ख नहीं हैं ।

□

अब मेरी किसी से कोई अपेक्षा नहीं है ।

□

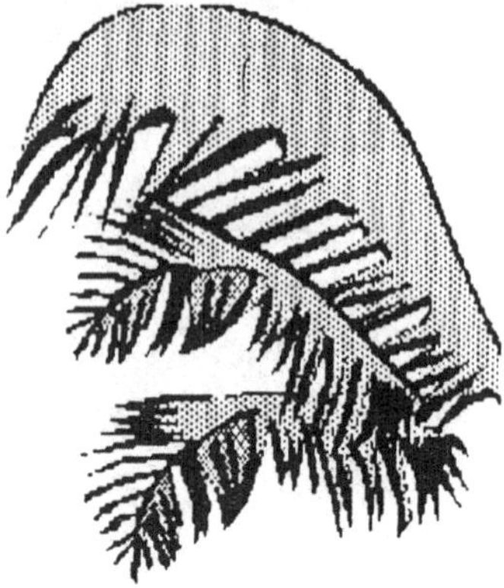

एक बार मैं यात्रा पर था,
तो साथ में बैठे कुछ मित्र पैसों से ताश खेलते थे ।
मैंने उन्हें व उनके खेल को कुछ देर ध्यानपूर्वक देखा
तो पाया कि जो मित्र जितना हारता है,
उससे वह अधिक बताता है और जो जितना जीतता है,
वह उससे कम ।
अचानक मुझे ख़याल आया कि सत्य सदा मध्य में है
और कि सत्य मुफ़्त है ।
और असत्य श्रम साध्य !

□

प्रेमियों का इस दुनिया में जीना मुश्क़िल है ।
जो जितना बड़ा प्रेमी है, उतना ही मुश्क़िल ।

□

जो खुश रहना चाहे,
उसे कोई दुःखी नहीं कर सकता।
और जो दुःखी रहना चाहे,
वह सुखों में भी दुःख खोज ही लेता है।

□

जो आलोचना न कर सके,
उसकी प्रशंसा नपुंसक है।

□

जो भी भयभीत है, वह ज़िंदा नहीं है
फिर भय का कारण कुछ भी हो।

□

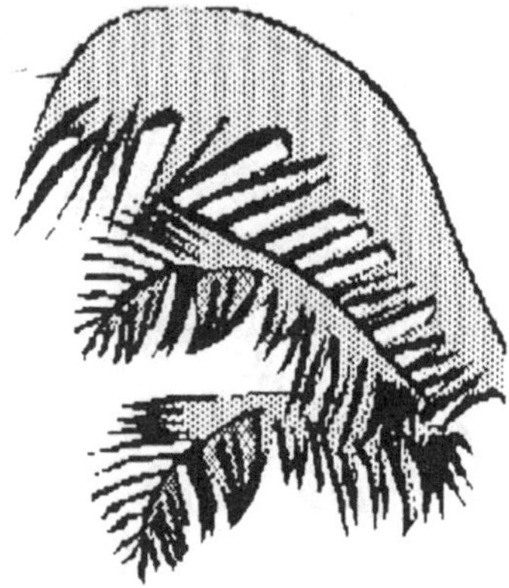

दुनिया में बहुत कुछ है ।
और सब कुछ के लिए तुम कम पड़ जावोगे ।
अत: एक बार निश्चय कर लो कि तुम क्या चाहते हो ?
और फिर पूरे प्राण-प्रण से उसी के लिए संलग्न हो
जाओ । थोड़े ही दिनों में
तुम दूसरों को सफलता का सूत्र बताने लगोगे ।

□

तुम जिसके लिए समर्पित होओगे,
यह असंभव है कि वह तुम्हारे लिए असमर्पित बना रहे ।

□

हे दार्शनिक ! लोग ग़रीब समझकर तुझे छोड़ देते हैं
और ग़रीब होते चले जाते हैं ।

□

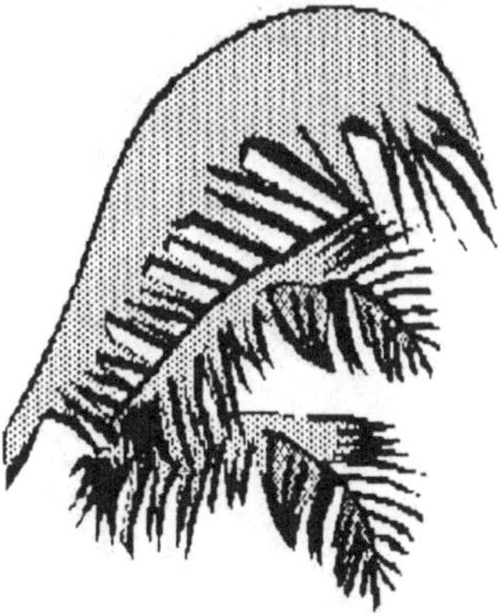

एक भी ऐसी दुर्बलता नहीं,
जहां से शक्ति की ओर सीढ़ियां न लगी हों।
और एक भी ऐसी शक्ति नहीं,
जहां से दुर्बलता के लिए द्वार न खुले हों।

□

पृथ्वी पर ऐसा कोई मनुष्य नहीं
जिसके जीवन में अवसर आते ही न हों।
यह अवश्य है कि वे हमेशा नहीं आते।

□

मैं अब अपने भीतर एक ऐसी ईद मना रहा हूं
कि मुझे बाहर की ईद, होली और दीवाली
के लिए समय नहीं है।

□

सोचो कि तुम इस दुनिया में किसलिए आए हो ?
और इतना सोचो,
इतना सोचो कि थक ही जाओ ।
और यह समझ में आ जाए कि तुम कुछ नहीं जान
सकते । और तब शायद कुछ जान सको ।

□

मैं अब खुद अपना पीछा कर रहा हूं
और मेरा अपने से ही बचना मुश्किल हो गया है ।

□

मुझे पागलों से जितना प्यार है
उतना उनसे नहीं जो कि पागल नहीं हैं ।
इस दुनिया में ईमानदार पागल हो ही जाएगा ।

□

जो चलता है,
वह और केवल वह गिरता है ।
इसलिए गिरने पर पड़े-पड़े रोओ मत;
उठो और फिर चलो ।
सच,
अभागा है वह जो गिरने के भय से चलता ही नहीं ।

□

भगवानों से मुक्त हुए बिना
भगवान् का मिलना असंभव है ।

□

नक़ली चीज़ें अगर असली से ज़्यादा असली न दिखें,
तो दुनिया में उनकी तरफ़ कोई नहीं देखेगा ।

□

ज़ीना हो तो दुनिया की परवाह मत करो
क्योंकि दुनिया तो मुर्दों की ही प्रशंसा करती है
और अगर प्रशंसा करवानी हो, तो फिर मरो।

□

कैसा विचित्र है कि जिनके पास कुछ नहीं है,
उन्हें देने का भ्रम है
और वे अपने को दानी घोषित करते हैं;
और जिनके पास सब कुछ है
वे सब कुछ को लुटाकर भी विनम्र हैं
और अपने को सबसे पाने वाला घोषित करते हैं।

□

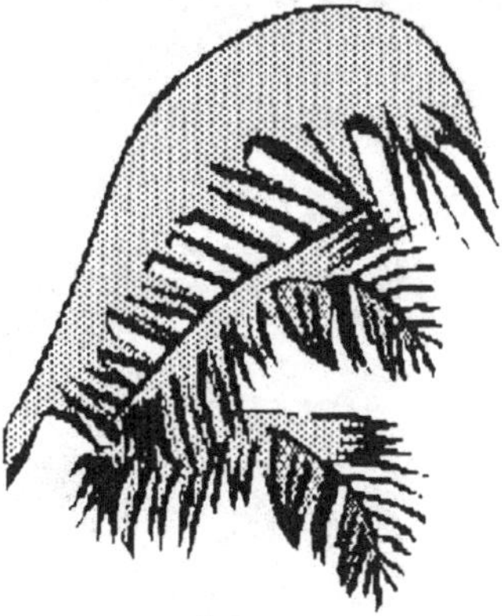

पुण्य और पाप में यही संबंध है
कि पाप के अभाव में पुण्य भी न रहेगा ।

□

सही आदमी
को शायद ही कभी जीते-जी पुरस्कार मिला हो ।
सच तो यह है कि पुरस्कार का
न मिलना ही उसका पुरस्कार है ।

□

यथार्थतः हमारा ज़िंदा होना वहीं शुरू होता है
जहां स्वयं को मृत समझकर जीने की शुरुआत है ।

□

मैं एक ऐसे महाकाश की अभीप्सा से भरा हूं
कि ये टुकड़े उसके समक्ष तुच्छ हैं।

□

आश्चर्य है कि
अब छोटी बातें बड़ी बातों से अधिक उद्विग्न करती हैं।

□

तुम दूसरों की स्वीकृति का मुंह केवल तब देखते हो,
जब तुम्हारा खुद का ही तुम्हारे
अपने ऊपर भरोसा नहीं होता।

□

कोई कहीं से भी चले,
वहीं पहुंच जाएगा ।
और कहीं पहुंचा जा ही नहीं सकता ।

□

परमात्मा मनुष्य बनने की कोशिश कर रहा है,
मनुष्य परमात्मा बनने की ।

□

जो बोलता है, वह जी नहीं पाता;
और जो जीता है, वह बोल नहीं पाता ।
और इन दोनों को समझने में सदा भूल की गई है ।

□

दुनिया में दो बड़े दुःख हैं :
एक है इच्छित वस्तु का न मिलना,
और दूसरा उसका मिल जाना ।

□

प्रेम सदा भीतर है, बाहर प्रेम का भ्रम ।

□

साधारण आदमी आलोचना पसंद नहीं करता ।
और सही आलोचक भी ज़मीन पर कम हैं ।

□

जो जितना समर्थ लेखक या कलाकार होता है,
वह उतना ही असफल होता है ।

□

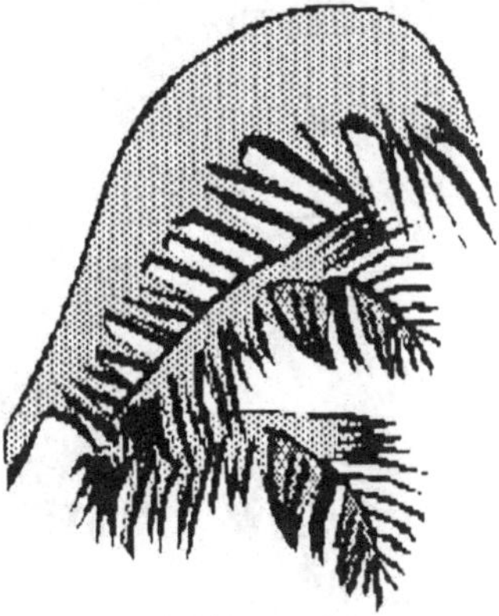

जब से मैंने अपने साथ सद्व्यवहार शुरू किया,
तब से कोई भी मेरे साथ दुर्व्यवहार नहीं कर सका।

□

सत्य सदा अविश्वसनीय है।

□

संसार बड़ा विचित्र है।
यहां लोगों का साथ होना भी कष्टकर है
और साथ छूट जाना भी।
इसलिए संसार के पार की झलक मिले बिना
कहीं भी, कुछ भी मंगल नहीं है।

□

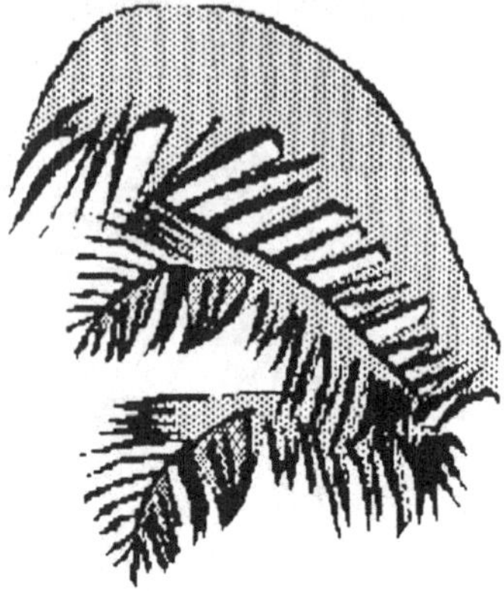

आंखें खोलकर देखोगे तो तुम्हारे लिए
फिर न कहीं सुख का कोई कारण रहेगा, न दुःख का ।

□

ज़िंदगी के रास्ते कितने अनजान हैं ।

□

ओ बीते दिन !
क्या तुम फिर कभी न मिलोगे ?

□

तुम ज़िंदा तो ज़रूर हो
अगर दुम नहीं हिलाते
मगर नपुंसक हो,
अगर दुम दबा लेते हो ।

□

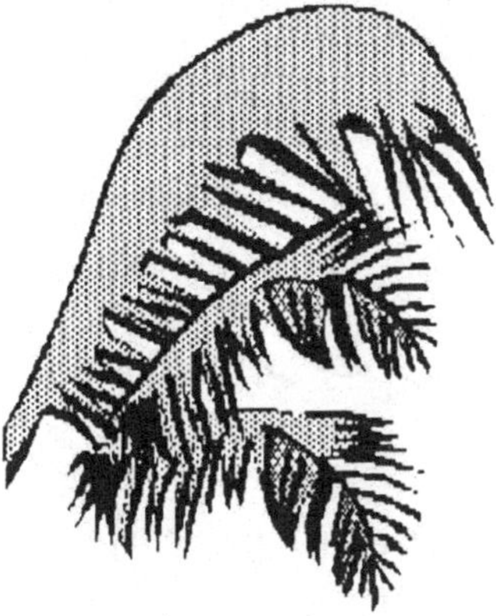

जब मैं अंधेरे में
दुनिया की नज़रों से छुपकर पाप करता था
तब लोग मुझे भला समझते थे और आदर करते थे,
और अब जब मैं दिन के उजाले में खुले आम सड़क पर
भगवत्-भजन व नृत्य करता हूं
तो लोग मुझ पर उंगलियां उठाते हैं
और हंसते हैं।

□

पशु के लिए ज़िंदगी पेट भरने के सिवा कुछ नहीं।

□

कई बार मैं कोई चीज़ सिर्फ़ इसलिए करता हूं
कि वह प्रचलित नियम व क़ानून के विपरीत पड़ती है।

□

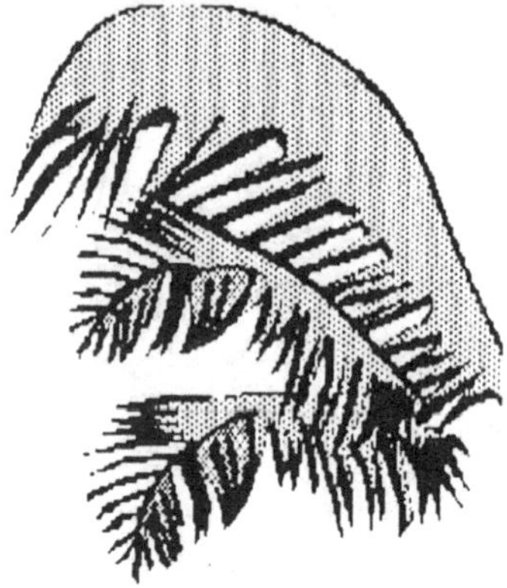

न परमात्मा से अधिक कोमल कुछ है,
न उससे बढ़कर कुछ कठोर।

□

प्रभु से प्रार्थना करो कि
वह तुम्हारे पुण्यों और पापों को
अपनी तेज अग्नि से जला दे,
तुम्हारे अच्छे-बुरे कर्मों को भस्म कर दे,
ताकि तुम निपट अकेले हो सको
और उसे स्वीकार हो सको।

□

धन्य है प्रभो ! कि तूने दुनिया में दुःख भी बनाया।
अन्यथा कभी भी आदमी कुछ जान न पाता।

□

कई बार नर्क जाता हुआ आदमी
हमें स्वर्ग की ओर जाने वाले पथ का संकेत दे जाता है ।

□

ज़िंदगी में फूल भी हैं और कांटे भी ।
जो इस सत्य को ठीक से समझ लेता है,
उसे फिर न फूल ज़्यादा छू पाते हैं,
और न कांटे अधिक चुभन दे पाते हैं ।

□

वे कहते हैं : 'जीवन एक स्वप्न है ।'
मैं कहता हूं : 'स्वप्न भी सत्य है ।'

□

पुण्य ने नारी के साथ जितना अनाचार किया है,
उतना नारी ने पुरुष के साथ कभी नहीं किया।
और सबसे बड़ा अनाचार तो यह है
कि वह उसे ही अनाचारी व और भी जाने किन-किन
विशेषणों से विभूषित करता है।

□

इस जगत् में एक भी ऐसी बुराई नहीं है
जिसमें मेरा हिस्सा न हो।

□

अगर ज़िंदगी में कांटे न होते,
केवल फूल होते; तो ज़िंदगी जीने योग्य तो न ही होती।

□

किसी का व्यवहार या ऐसा कुछ भी जब ठीक न लगे,
उसे तत्क्षण् भूल जाना चाहिए।
पर अकसर हम ठीक न लगने वाली
बातों का ही स्मरण रखते हैं।

□

जो शरीर देने में भी संकोच करे,
वह हृदय क्या देगा?
और जो हृदय दे देता है,
उसका शरीर तो पहले ही दे उठता है।

□

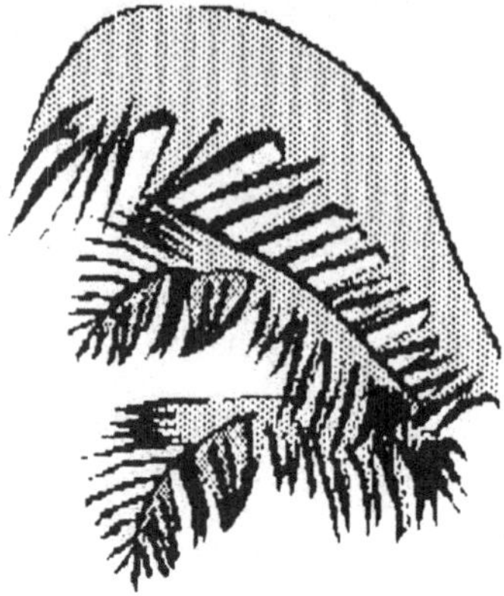

यह दुनिया जैसी है
इसमें कोई भी भला आदमी दमन के सिवा
क्या कर सकता है !

□

अगर दुनिया में प्रेम न होता
तो न तो मनुष्य को आंसू आते
और न ही वह कभी हंस सकता ।
सच ही, तब वह पशु ही होता ।

□

साधारण मानवीय प्रेम भी
कितना असाधारण होता है
कि अहं को गला डालता है ।

स्त्री-पुरुष का साधारण प्रेम भी
यदि सहज हो और दोनों को उसी सहजता से स्वीकृत,
तो ऐसा प्रेम मुक्त करता है।
लेकिन यदि सहजता एक ओर ही हो,
और एक को दूसरे से प्रेम की भीख मांगनी पड़े,
तो प्रेम निंदित एवं अपमानित हो जाता है
अतः बंधन बनता है।
और यदि भिखमंगे की स्थिति में
खड़े होने पर भी प्रेम न मिले तो
वह एक ऐसी कुंठा बन जाता है
जो आत्मा को ही खा जाता है।

□

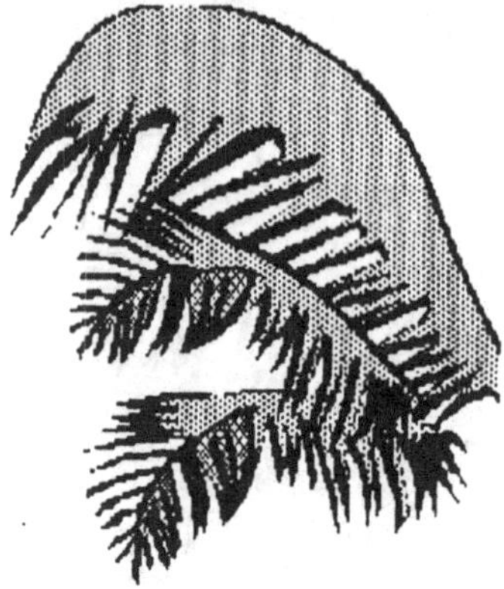

मैं अब दुःखद क्षणों का स्मरण कर रोने व
किसी को कोसने के बजाए सुखद क्षणों
को स्मरण कर नाचूंगा
और परमात्मा को धन्यवाद दूंगा ।

□

जटिल-से-जटिल का मिलन जटिल है
और सरल-से-सरल का मिलन सरल;
साथ ही यह भी सच है, कि
जटिल-से-जटिल का मिलन सरल है
और सरल-से-सरल का मिलन जटिल ।

□

□

मैं आत्म-कथा जैसी चीज़ शायद कभी न लिख सकूं
क्योंकि मेरी कथा बहुत घिनौनी है
और मैं दुनिया को धोखा देना पसंद न करुंगा।

□

आत्म-कथा लिखने का साहस मैं न कर सकूंगा
क्योंकि वह बहुत कुरूप है।
हालांकि यह वक्तव्य
मुझे उन सबसे अधिक ही साहसी सिद्ध कर देता है
जिन्होंने आत्म-कथाएं लिखी हैं।

□

वह धन्य है जिसे कोई ऐसा मिला कि
खुले मन से उसे अपना कह सकता है ।
और वह भी कम धन्य नहीं है
जिसे यह संभव नहीं हुआ ।

☐

मानसिक अस्वास्थ्य से गुज़रे बिना
मानसिक स्वास्थ्य की कोई संभावना नहीं ।
मनोरोगी ही वस्तुतः आगे चलकर
मनोचिकित्सक हो जाता है ।

☐

परिस्थिति कैसी भी क्यों न हो;
साहस, धैर्य एवं प्रभु-स्मरण सदा मंगलदायी है ।

☐

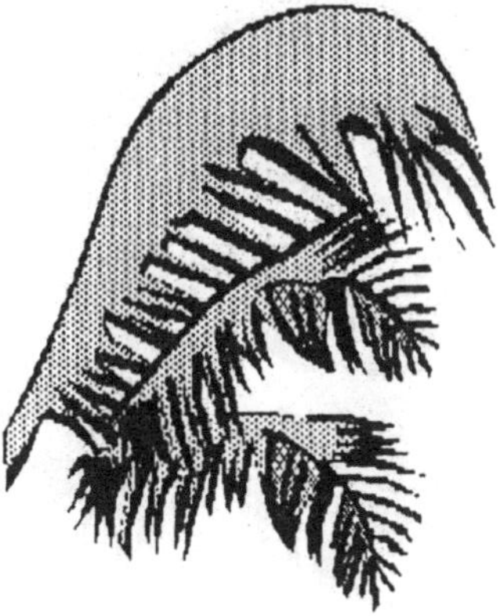

□

जब तक तुम्हारे भीतर नर्क है,
तब तक किसी दूसरे की टीका-टिप्पणी करने का
तुम्हें कोई हक़ नहीं।
सच तो यह है कि तब तक
तुम किसी को ठीक-ठीक देख भी न पावोगे।

□

संत को पापी में भी संत दिखता है
और पापी को संत में भी पापी।

□

तू दुनिया की सारी मधुरिमा, घोर वीभत्सता में बदल दे,
मेरे हृदय की धड़कन तेज कर दे
और मुझे मृत्यु की देहली पर खड़ा कर दे,
परीक्षा की चाहे जितनी घाटियों से उतार दे,
[वैसे तेरे समक्ष परीक्षा में खरा हो भी कौन सकता है]
पर एक झलक जो तेरी मैंने पा ली है,
उसके प्रति एकदम अविश्वास कैसे हो सकता है।

□

खेलों में हार-जीत
को हमने इतना अधिक महत्त्व दे दिया,
कि उनमें 'खेल' समाप्त ही हो गया।
मनुष्य के अनेक दुर्भाग्यों में से यह एक है।

□

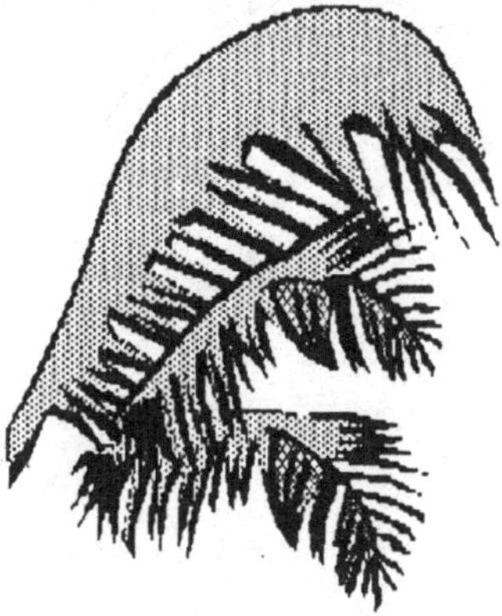

वस्तुतः तो अभावों के आंचल में ही समृद्धि है,
और समृद्धि के आंचल में अभाव।

□

ऊपरी दृश्य के आधार पर कुछ भी कहना,
न केवल नासमझी है, वरन् मूर्खता भी।

□

वे चाहते हैं कि मनुष्य नियम व क़ानून के अधीन रहे,
और मुझे उन पर दया आती है
क्योंकि उनकी चाह कभी पूरी न होगी।
केवल यंत्र ही नियम के अधीन रह सकते हैं।

□

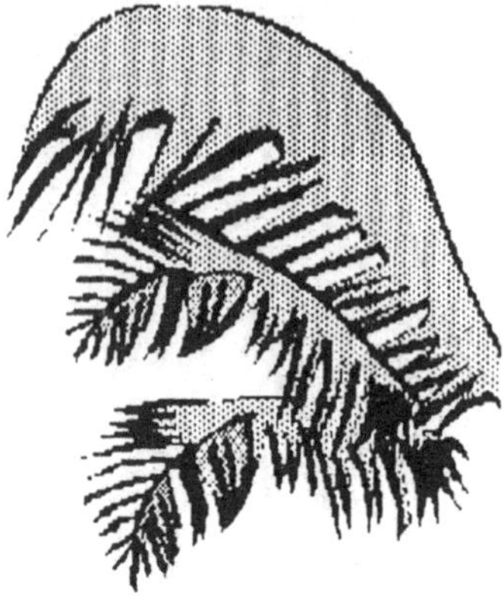

अकसर ही हम अच्छे पड़ोसियों के साथ अच्छे नहीं रहते
और बुरे पड़ोसियों के साथ अच्छे रहते हैं।
दुष्टों से बचना पड़ता ही है
और मित्रता शत्रुता में बदलती ही है।

□

आनंद और अनुग्रह जब भीतर नहीं समाते,
आंसू बनकर बाहर निकल आते हैं;
और वेदना की सघनता हंसा जाती ही है।

□

एकांत वह भयंकर तूफ़ान है
जो वृक्ष को तब तक हिलाता है,
जब तक उसे अपने मूल का स्मरण नहीं हो आता।

□

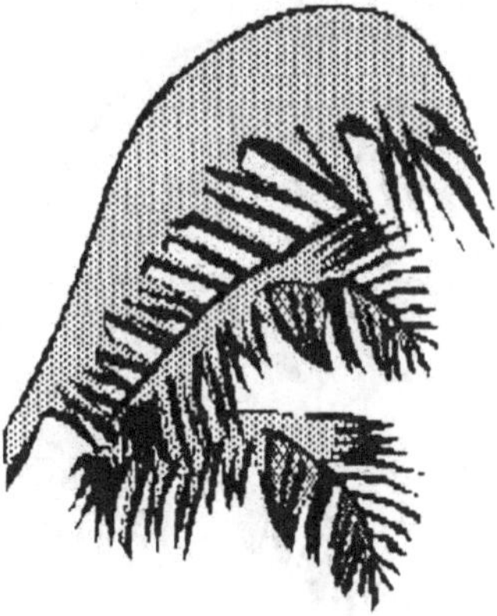

कभी-कभी अकारण ही
जब अत्यधिक आनंद व उल्लास का अनुभव होता है,
मन करता है कि परमात्मा की
साकार अनुकंपा के रूप में बरसते मेह में निकल पड़ूं
और भीगूं-नहाऊं और चंचल बूंदों के साथ नाचूं।
मगर दुनिया इस थोड़ी-सी बात के लिए भी
अभी उपयुक्त नहीं।

□

अकसर हमें साथी की तलाश इसलिए होती है
कि अपने अकेलेपन से हम भयभीत हैं।
फिर वह साथी चाहे नारी हो, चाहे पुरुष;
कविता हो अथवा शराब।

□

खलील जिब्रान ने मुझे स्वप्न दिया
और ओशो ने दिया बोध।
मैं ख़लील ज़िब्रान का प्रशंसक हूं
और ओशो का भक्त।
और ओशो व ख़लील ज़िब्रान व मैं और तुम,
सब 'एक' के ही अलग-अलग नाम हैं।

□

मैंने गुलामी से बड़ी पीड़ा नहीं जानी
और न ही स्वतंत्रता से बड़ा आनंद।

□

दुनिया इतनी दुःखी है
कि मेरे आनंदित होने का कोई उपाय नहीं।

□

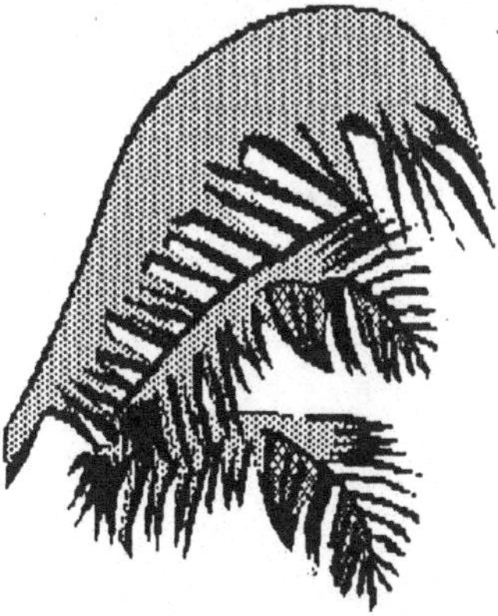

जो गहन निशा में भयंकर तूफ़ान
को हंसकर स्वीकार करता है,
उसे फिर भोर के मंद वायु का संगीत
सुख की उत्तेजना की वेदना नहीं दे पाता ।
शायद आनंद व शांति इस अवस्था के ही नाम हैं ।

□

मैं किसी को पापी नहीं कहता
तथापि जो मनुष्य महज अपने स्वाद के वैविध्य के लिए
किसी जीवित पशु-पक्षी का वध करता है
वह पाप करता है ।

□

मनुष्य में परमात्मा जब भी प्रगट होता है
तो उसे वे ही पहचान पाते हैं
जिन्होंने स्वयं के अज्ञान एवं पापों को देख लिया है
और स्वीकार कर लिया है।
पर जो स्वयं के ज्ञानी एवं पुण्यात्मा होने के भ्रम
एवं दंभ से भरे रहते हैं,
वे न केवल परमात्मा को नहीं पहचान पाते,
वरन् वे उसका विरोध भी करते हैं
क्योंकि वह उनको अज्ञानी एवं पापी नज़र आता है।

□

बड़े-से-बड़ा रहस्य यह है कि
परमात्मा सबसे अधिक प्रगट है,
और उससे अधिक अप्रगट भी कुछ नहीं।

□□□